生活禪 人間道

圖、文

天地 www.cosmosbooks.com.hk

書　　名　生活禪・人間道
作者・插畫　源天擇
責任編輯　王穎嫻
封面設計　楊曉君　源天擇
出　　版　天地圖書有限公司
香港黃竹坑道46號
新興工業大廈11樓（總寫字樓）
電話：2528 3671　傳真：2865 2609
香港灣仔莊士敦道30號地庫（門市部）
電話：2865 0708 傳真：2861 1541
印　　刷　亨泰印刷有限公司
香港柴灣利眾街德景工業大廈10字樓
電話：2896 3687 傳真：2558 1902
發　　行　香港聯合書刊物流有限公司
香港新界荃灣德士古道220-248號荃灣工業中心16樓
電話：2150 2100 傳真：2407 3062
出版日期　2021年4月 初版・香港

ISBN : 978-988-8549-57-3

序

紅棉獨有傲骨幹

源永文的為人，他的工作能力，相信為他寫序文的幾位朋友都已鉅細無遺的抖了出來。

我這裏只想舉一個例子說明永文不單止用圖畫、用文字去解說生活禪，人間道。他還是這方面的毅行者。如何把禪生活化，道走向人間，且聽我娓娓道來。

永文和我都是美術愛好者，大家都鍾情水墨，所以很多時候閒聊都離不開這話題。大約兩年多前，我跟他提起過，有一位朋友喜歡我《紅棉》這首詞，希望我為他以這題材畫一幅國畫，當時我口輕輕的便應承了，沒想到之後卻成了我心裏面一個沉重的負擔。我從未寫過這題材，加上工作又頗為忙碌，雖然沒寫流行曲，但歌劇的稿件卻一部一部的接踵而至。永文見我努力的畫稿、寫生、試練，但總不能認真地去完成一個單圖，其實我是在逃避。終於有一天，他短訊傳來了周恒老師特地為我寫的一幅紅棉作品，還附上一段《紅棉》歌詞的書法，使我增添創作靈感。這行動如一響迅雷，驚醒了我。朋友的熱心，激發了我的能量，我找不到理由再逃避，於是兩天之內完成了畫作。

永文這番無聲的敦促，正是生活禪的實際體現。相信類似的故事還有很多，希望他可以逐一記錄下來，作為《生活禪．人間道》的第二部。

順道藉這篇幅多謝周恒老師拔刀相助。

鄭國江

序

源·緣

數年前與永文在「臉書」相識，偶爾寒暄日常，至去年他傳來信息，邀請我參與香港書展的「李小龍誕辰八十週年」展覽，剛巧彼時我已暫居台灣，大家便以網絡聯繫。我們除了論及公事、更廣談藝術，交流多了，甚覺投緣。源永文予我的感覺很特別，一股文人氣息，且修學佛理，奉教虔誠。我家祖母同是念佛禮敬觀音者，見永文談及菩薩之典故，不禁令我憶念祖母大人的慈容。

在這瞬息萬變的科網世代，作為曾留學海外的「番書仔」，竟如此鍾情詩書畫印及傳統文化，頗為難得！除兼備學養，永文也是喜愛繪畫的同行，其創作寬容大道，人物造型厚重，充滿童趣，別樹風格。今以神話入題，暢談佛、道人物的由來，志不在弘法，只盼久違了的傳統文化得以傳承。

期望他不斷創作，享受那業餘作畫的安然自在，並在無拘無束的環境下續有佳作，讓大家的生活多添祥和喜悅！

阮大勇

序

生活的自在

幾年前寫過一首叫〈辛波絲卡保佑〉的詩：

瀕臨崩潰，她用最後的理智
拾起床頭辛波絲卡的詩集
神跡地，一翻就翻到〈安慰〉
是真的或不是真的——
我都樂意相信它
是啊，這一刻她也不由自主虔誠相信
可以有權利期待一個皆大歡喜的結局

那確是懂得安慰的神，善用滑稽的事例
老處女們嫁給了可敬的牧師
誘惑少女的人跑到祭壇前懺悔
釋放出笑聲來治療傷痛

類似的心情下，我也求助於那本詩選
但世上哪有這麼多巧合呢
果然是另一首，我一瞥末兩行
告訴你們讀者
那真是沮喪的一幕
太落井下石了吧，幽默的神
啊，不，看左邊那頁
在第一章就走失的小狗

現在再次在家裏奔跑
並且高興地吠叫
是〈安慰〉的結語哩

辛波絲卡是波蘭已故女詩人，在世界詩壇地位崇高，我特別喜歡她用樸實的文句，不動聲色地捕獲日常而無人注意的事物，流露出剔透的智慧，有詼諧，有嘲諷，也有抗議，但不失同情。我的詩有點誇張，卻真有其事。我們曾把詩集放在床頭，臨睡時隨手翻開一頁細讀，讓詩人帶我們前去另一個境地，以暫時平復百孔千瘡的心情。（楷體文字是辛波絲卡的詩句，採自林蔚昀譯《給我的詩：辛波絲卡詩選一九五七—二〇一二》，台北：黑眼睛文化事業有限公司，二〇一三年。）這樣片面的閱讀，難免遺漏了很多意義，但相信作者是不會介意的。

源永文兄這本《生活禪．人間道》，兼包畫藝和佛理，都是我不懂的學問，所以也只能片面地領略。初識永文兄，是在六年前的「香港書展」。策劃統籌書展的主題展覽和講座，是他的常規工作，那次因為盧瑋鑾教授（小思老師）的轉介，他找我幫了一點小忙。其實在他的職務範圍裏，還有很多諸如佳餚美酒、鐘錶珠寶等等的展銷活動，書展只佔其一，但相識之後就成為了朋友。後來我知道，不少藝文界赫赫有名的前輩，永文兄因為書展的緣故接觸過他們，都保持了密切的關係，例如小思老師、劉以鬯先生和夫人、西西女士、何福仁先生、也斯先生、許迪鏘先生、鄭國江老師……

永文兄人在商界，但品味談吐更像文人。有時收到他寄來的郵件，信封必用毛筆書寫，一手流麗的行楷令我慚愧。書法之外，他又習畫，師承嶺南派周恒先生，暇時蒐集石灣陶瓷，並且研習佛理。幾年來看着他結婚、兒子出生，經歷不同的人生階段，在時世變幻中，我們備嘗悲喜，互相鼓勵，愈覺投緣。近日他以漫畫筆法，繪出諸天神佛、古典小說和民間傳說的角色，配以短文，解釋造型背後的道理。我對佛教連一知半解也說不上，但看他的畫和文，卻感到新鮮有趣，語重心長。他把笑顏地藏畫成一個三、四歲的幼童，說是以兒子的笑態為藍本，祝願世人見之生歡喜之心，化戾氣為祥和，這當然是整個畫作系列的用意。但在我看來，還不止此。文殊師利菩薩和觀自在菩薩同樣是幼童模樣，前者騎着的獅子吐舌而笑，一臉稚氣，後者手中淨瓶插了短短的楊枝，腳下碧波像伸出無數手指要呵他癢。這兩幅一看就忍俊不禁。對了，還有二郎神身旁神氣的老虎狗吼天犬、東海龍王背後好奇張望的雞泡魚、與劉海蟾相視傻笑的蟾蜍……豈不就是眾生平等的妙趣呈現？永文兄說過「生活的體驗正是禪那，舉手投足無非修行」，我卻感到即使不懂佛理，讀來仍覺津津有味。

詩集和畫輯本來並非同一回事，我貿然拿來並論，無非是兩者不離人間、又不困於人間的微妙感覺讓我重新體會生活本該自在，相信永文兄也必不以為忤。

樊善標
香港中文大學中國語言及文學系教授

序

以畫會友

認識源兄是幾年前的事，源兄是貿發局香港書展展覽的搞手接洽人，幾年的展覽我也有幸參與，展出一些相關畫作。初識源兄，給我一份祥和、善良又熱心有擔當的君子仁人感覺，後來才知道他早歲皈依，已是資深的佛門子弟，他修的道在言行中、生活上細細表露，怪不得面慈心和！

我信緣！與源兄一見如故，有一份不言可喻的親切感，交朋友不在時間上的長短，數年下來，已宛如知交故友。

去年得知源兄要出版一本佛學的圖文書，我的第一個反應是，這個題目不容易啊！不多久他已完成洋洋灑灑的大作，囑我作序，好友熱情不能推辭！只好濫竽充數數言，但要我寫佛學專書的序，不免有班門弄斧之感，讀源兄大作反而給了我一個大好的學習機會！源兄的圖畫有一份天真爛漫的感覺，也反映源兄本性純真無邪，尤其可貴，序言草草，謹祝源兄新書一紙風行！為善人間！

李志清

二〇二一年一月五日於青山水閣

自序

生於七十後的我，童年時娛樂不多，日常最消閒的莫過於看看「公仔書」、卡通片，喜歡當中的人物便拿起筆來畫個不休。幼年時閱讀最多的是《兒童樂園》、《良友之聲》、《老夫子》，後期一點更喜愛藤子不二雄和鳥山明的作品，他們的風格對我往後寫畫也有着一點啟發。還記得升小三的一個暑假，家母帶我往一所畫室報讀暑期兒童畫班，老師便着我隨意畫點東西，評估程度，此時在旁的家母便向老師說這小子最愛畫卡通，甚麼叮噹、Q太郎云云……老師卻說這些卡通畫得再好也不過是別人的作品，是別人的創作，這番話我牢記至今，給我極大啟蒙。從此少有臨摹，透過自學不斷摸索自家創作的路徑，途中多與同好交流，多看中西畫展、畫冊，及後修學嶺南畫派，盼能吸納不同元素糅合在自己的作品內。

我並不是專業的畫家，只是一個非常普通的繪畫愛好者，隨興之所至便畫，我從來沒有想過自己繪的是甚麼風格，只是從少學佛，於三十年的薰陶下使我所畫的也潛藏着對信仰之體會，亦希望所繪的能帶有童趣及祥和自在，讓人看得舒懷，縱然逆境仍可會心微笑。

好以佛、道人物入畫，緣於兒時跟隨母親到各廟宇、寺院參拜，因此對民間信仰漸感興趣，後皈依佛門，研習佛學，有感於民間對宗教認識不深，鮮有釐清兩教分別，坊間的廟宇更常把佛、道神明共同供奉，可見一般善信對兩門宗教多有混淆及曲解誤傳，故此作主題分兩部份，以「生活禪」淺談佛門諸聖、護法伽藍的由來及分享個人對佛學的體會；並以「人間道」略說道教仙家和民間諸神的典故。藉着此書除了思憶童年既往，回顧對佛學的體會，也希望分享一點宗教的冷知識，使大眾能認識正信的佛教，亦盼能喚起各人對傳統宗教的興趣，和對舊日香港文化的一絲了解。

源天擇

目錄

生活禪／19

前塵影事／97

人間道／115

生活禪

題字：周恒　篆刻：田中正美

流浪娑婆逢妙峰

皈依佛門多年，回顧佛教在香港的發展經歷着高潮與低潮，但不管怎樣的變遷，我的身份仍是一個尋常的正信佛教徒。

自幼就讀天主教學校，卻從少對佛學產生一種莫名的喜愛及親近。還記得小學時期第一本閱讀的佛教書籍是《佛教的精神與特色》（林世敏老師編著），少年時受聖嚴法師的教化最為深切。年長後研習《金剛經》，幸得聖一和尚啟蒙，後巧遇恩師妙峰老人，受其開示，漸解生活禪趣，護持人間正道，亦奠定往後對佛學修持的方向。

佛學並非坊間所誤解為迷信及消極的，亦並非遙不可及的學問！一般人，不是把佛教世俗化，便是把佛教神鬼化，其實佛教是淨化人生的一種以智慧與慈悲為內容的宗教。生活的體驗正是禪那，舉手投足無非修行，佛教的思想恰如活水，流通無礙。透過日常生活，以平常心來實踐佛學，印證如來妙理的感應道交。這種「平常心」，「生活禪」的修行，雖無神秘感，但卻十分踏實，極為受用！

觀自在菩薩

「觀音菩薩妙難酬，清淨莊嚴累劫修。三十二應遍塵剎，百千萬劫化閻浮。瓶中甘露常遍灑，手內楊枝不計秋；千處祈求千處現，苦海常作度人舟。」

菩薩能觀察世間的音聲而尋聲救苦，因其眼、耳、鼻、舌、身、意皆已超脫五慾六塵所障，故能六根互用。有一無上士更以無緣大慈，同體大悲的精神救拔一切罪苦眾生，其千處祈求千處應，苦海常作度人舟，這位便是與娑婆世界眾生緣份甚深的觀世音菩薩。

觀世音菩薩於久遠劫前已成正覺，號正法明如來，因悲憐眾生苦而倒駕慈航，乘願應化菩薩身，輔助釋迦如來及阿彌陀佛弘揚正法，救度蒼生。

當談及「佛」與「菩薩」時，總會有人問及兩者有何分別。這話題非三言兩語可清晰解答。晚生求學多時也不執着於其兩者之別，只把這些品位視為學

心無罣礙

習的次第，因我教之中也不倡議佛陀是比菩薩高強之說。眾生平等，皆具佛性，只是妄念所障而忘卻本心，但迷而不失，佛性仍在，因緣成熟終成正覺。

佛教的法門，按北傳系統的看法，有大乘與小乘之分，小乘是專門修學解脫道的，大乘是修學菩薩道的。菩薩道是包含人天道和解脫道，也就是說，解脫生死而仍不離生死，以便隨類度化一切有緣眾，便是大乘的菩薩道。

開悟成佛，必須要修持菩薩道，菩薩道的主要法門是六波羅蜜（六度法）及三聚戒。

六波羅蜜：布施——財施、法施、無怖畏施；持戒——諸惡莫作眾善奉行；忍辱——難忍能忍、難行能行；精進——勇往直前、百折不撓；禪定——心攝一境、不動不搖；智慧——清明朗澈、自照照人。

三聚戒：無一淨戒不持，無一善法不修，無一眾生不度。

從最初發最上心——大菩提心、慈悲心、空慧心，經過三大阿僧祇劫，便可達到成佛的果位。大乘的菩薩道，只有菩薩所行，不共小乘，所以稱為「一乘」。

「菩薩」有凡夫也有聖人，菩薩共分十信、十住、十行、十回向、十地、等覺、妙覺的階位，十地以下的階位全是凡夫，十地以上的階位方是聖人，因此佛典中通常提及的菩薩，若不標明地前階位，則是地上的聖位菩薩了。小乘聖者不求成佛，只求入於涅槃，涅槃的境界從本質上而言，大小乘是一樣的，不過小乘入於涅槃之後便安住於涅槃，不再度眾生了。而大乘的涅槃是雖入涅槃而不即住於涅槃，並以生死為涅槃的同一體性，故曰「生死即涅槃①」，也稱為「無住處涅槃」，並承願再來繼續度化群生，這是大乘聖者的境界。

「佛」是佛陀的簡稱，佛陀的果位是菩薩道的究竟，所以也可將佛陀稱為究竟菩薩；佛陀的果位也是解脫道的究竟，故又可將佛陀稱為究竟阿羅漢，阿羅漢有應受人天供養而作人天福田的意思，因此「應供」也是佛陀的十大德號之一。佛陀是自覺、覺他、覺滿、無上正遍知覺的意思；菩薩是覺有情（覺悟的眾生）——自覺、覺他、正遍知覺的意思；小乘的聲聞、緣覺，只有正覺或自覺之意；人天凡夫卻是未曾開悟而流浪於生死苦海，受業感輪迴的罪苦眾生。

註解

① 生死即涅槃：「生死即涅槃，煩惱即菩提」，乃大乘經常提及的學說，從世間有為的相對說法，生死是染污的，涅槃是清淨的，兩者截然不同，不可相即；若從出世間無為的絕對法而言，煩惱性空即是菩提，生死性空即是涅槃，非從煩惱生死之外另求菩提涅槃。這是從諸法理性平等說，不是從事相差別說的。

文殊師利菩薩

諸佛、菩薩皆以其功德立名。

文殊師利菩薩，亦稱曼殊室利菩薩，意譯妙首、妙德、吉祥、莊嚴等。何為「妙」？「雖說諸法而不起法相，不起非法相，故名妙德。」（《思益梵天所問經》）法不是有、不是無、不是亦有亦無、不是非有非無，離四句，絕百非，就能見到諸法的實相，諸法的實相亦即無為法，無為法不可以說有——有生死；更不可以說無——無生死。無為法內既無生死，何來生死滅？有為法，有煩惱可斷，無為法中，既無煩惱，何來斷煩惱？一切三賢十聖，皆證無為法：從有為——有煩惱可斷，入無為——煩惱空，無煩惱可斷，便是無為，如此境地無漏、無餘，即見佛性，故名妙德。而「師利」、「室利」則具吉祥、莊嚴之意，因此文殊亦有妙吉祥菩薩的稱號。

文殊菩薩為三世古佛，其功德及般若智慧之深厚不可思議。此摩訶薩①於無量阿僧祇劫前早成正覺，號龍種上尊如來。因慈愍眾生而乘願再來，於現世北方常喜世界得阿耨多羅三藐三菩提②，為歡喜藏摩尼寶積佛，卻再發宏願「願我行菩薩道無有齊限」，故示現覺有情之相，往此娑婆世界協助釋迦如來救度一切眾生。於《悲華經》所載，文殊菩薩於未來世，南方清淨無垢寶藏世界再登佛位，號普現如來。

如來無所從來，亦無所去，破無明惑，得大自在，為法中之王。法王之子則能持法印、如法化世、續佛慧命。文殊師利於眾菩薩中智慧第一，更曾是過去七位佛陀及無數菩薩、聲聞眾的導師，今乘願輔助釋迦如來弘化，紹隆佛種，可見覺者之般若無盡藏及威德殊勝，故亦有法王子之譽。

一佛出世，千佛護持，釋迦牟尼於娑婆世界成正等正覺，轉大法輪，金粟如來亦應化為維摩詰居士，示現優婆塞之相（在家居士相）助佛弘法。維摩居士常行布施，説法施教不分貧富貴賤，以善巧方便廣度有緣。一次，維摩居士稱病在家，釋迦世尊洞悉對方藉此機緣宣說大乘，故派遣其首座弟子前往問候，惟五百阿羅漢無一敢作代表前往，因眾等以小乘之根器，難以領悟菩薩道的奧義，故面對辯才無礙的維摩居士時均無法酬對。最後世尊請派了文殊菩薩前往問疾。八千菩薩、五百聲聞、百千天人皆作是念：「今二大士共談，必說妙法。」因此一同隨行，望能從中學習。文殊菩薩從問疾談至不二法門，全程均道盡機鋒，精彩絕倫！彼此的對談中道出大乘正法的妙用，並勸勉二乘者回小向大。金粟如來之意，只有文殊師利法王子方能了悟，佛陀縱有不二法門，還需這位妙吉祥菩薩的般若鑰匙才能開啟。

釋迦如來弘法四十九年，設五時說教③，文殊菩薩皆全力輔助佛陀廣宣大乘佛學，貢獻良多。

文殊菩薩——比丘相

文殊菩薩的造像多以在家居士相，右手持着慧劍，左手拈着青蓮，坐騎獅子，寓意智德清淨無染、勇猛精進、斷除一切無明煩惱。今選以童顏比丘相貌繪畫，手結禪定印，則寄意持戒清淨、堅毅不屈、如意祥和。

願同參共勉！

註解

① 摩訶薩：梵文摩訶薩埵的簡稱，華譯大心或覺有情（覺悟的眾生），指履行佛陀宏願的眾生，即大菩薩。

② 阿耨多羅三藐三菩提：佛智，華譯為無上正等正覺，即真正平等覺知一切真理的無上智慧。

③ 五時說教：佛成道後，於最初二七日宣說大乘經教，度大菩薩，是為「華嚴時」。繼在鹿野苑等處，於十二年中演說小乘正法，度聲聞、緣覺為「阿含時」。隨後八年中，說《維摩》、《勝鬘》、《金光明》等諸大乘義理，廣談四教，勸勉小乘修學大乘經教是名「方等時」。後二十二年間傳授諸部般若經藏，解說空義為「般若時」。往後八年說《妙法蓮花經》，會三乘（聲聞小乘，緣覺中乘，菩薩大乘）於一佛乘。至釋迦如來將入滅，在拘尸那拉城娑羅雙樹間於一日一夜解說《大般涅槃經》，昭示一切眾生皆有佛性　乃至一闡提人（不生善念的人），均有成佛之日，此乃「法華涅槃時」。

笑顏地藏

《地藏十輪經》：「安忍不動如大地，靜慮深密如秘藏。」

佛教為人所熟悉的菩薩中有觀音、文殊、普賢、地藏，祂們分別代表着覺者的悲智行願。當中地藏菩薩常以比丘之相示現於娑婆世界，象徵覺有情①之持戒清淨、精進堅忍，並有怖魔、破惡之德。

《地藏菩薩本願經》：「地藏名字人若聞，乃至見像瞻禮者，香華衣服飲食奉，供養百千受妙樂。若能以此迴法界，畢竟成佛超生死。〔……〕吾觀地藏威神力，恆河沙劫說難盡，見聞瞻禮一念間，利益人天無量事。」發心修行者，聽到地藏菩薩的名字，即至誠瞻禮、供養、讚嘆菩薩之功德，並迴向法界一切眾生，均能積累天人之福德，種下成佛的善因，可見地藏菩薩的殊勝不可思議！

地藏尊為等覺菩薩，所發宏願甚深，以「地獄未空誓不成佛，眾生度盡方證菩提」為志，歷劫救拔一切罪苦有情而永不退轉，故受佛陀摩頂授記，常住於娑婆世界內度化有緣，護佑眾生。亦因地藏菩薩對地獄受苦眾生的慈悲願力，所以民間信仰亦奉祂為幽冥教王，救助一切孤魂亡靈。

地藏菩薩之信仰於日本也甚為普及，除各地寺院外，於不少兒童病院、幼兒院中也有供奉子安地藏尊的，當中以童顏沙彌的法相造像最令人心生喜悅，感覺親切可愛。

我以犬兒的笑態寫下「笑顏地藏」，願見者能生歡喜之心，化戾氣為祥和。

註解

① 覺有情：覺悟的眾生，菩薩也。

布袋和尚——彌勒菩薩

彌勒真彌勒，分身千百億；時時示時人，時人自不識。

佛家禪宗曾言：「凡所有相皆是虛妄」、「若以色見我，以音聲求我，是人行邪道，不能見如來。」故不立文字、不依言語、不執名相，但今天閒談藝術則不得不着相一番了。

彌勒乃等覺菩薩，祂的名字於早期的大乘經典已有記載。祂是唯一一位繼釋迦文佛後於未來娑婆世界中得無上正等正覺的聖者，故有一生補處菩薩及當來下生彌勒佛之稱號。這位等覺菩薩正於欲界六天之第四天——兜率天內院修行和說法。待五十六億年後，因緣成熟、福慧圓滿而證如來果位，並將於龍華樹下說法三天廣度有緣，是為龍華三會。

古時彌勒菩薩的造型多以頭戴天冠、備七寶瓔珞莊嚴其身的天人相或如來

圓滿相貌示眾。於中國唐朝滅後的五代後梁時期出現了一位奇異僧，其身形豐滿圓潤、常開笑口、得大自在，法號契此。他經常持着一個大大的布袋，袒胸露腹不拘小節、喜與孩童嬉戲玩樂、妙算人間禍福、睡臥街頭雪不沾身、言語無恆卻禪機處處。圓寂時留下偈語：「彌勒真彌勒，分身千百億；時時示時人，時人自不識。」後人皆認為他是彌勒菩薩的應身。也許是因為這位比丘的笑容可掬、福氣滿滿、予人感覺親切。從此彌勒菩薩於中國的造型便多以布袋和尚出現。

彌勒是印度婆羅門的常見姓氏，有慈祥之意，所以該菩薩在畫像中的形象也是笑容滿面。叢林寺院的天王殿，山門正中也是供奉着彌勒菩薩，讓善信一登寺門便感覺親和，皆大歡喜。

日本的彌勒菩薩形象則多以右手結說法印，左手放於膝上，結單趺坐，入定思維。此外亦有以布袋和尚的形態出現，為七福神之一。

不論彌勒菩薩的造型如何，是藝術的一種示現，亦是隨類說法的一種手段，不用過於偏執。

「若菩薩有我相、人相、眾生相、壽者相，即非菩薩。」菩薩隨類說法，應何身得道，即現何身，萬千變化，不分貴賤，無有定相。妙覺菩薩處處皆是。

一葦渡江

「吾本來茲土，傳法救迷情；一華開五葉，結果自然成。」

菩提達摩為西天第二十八祖，東土禪宗初祖。於南北朝到達中國弘法並與梁武帝論道後，因話不投機而另投北魏嵩山少林面壁九年。

菩提達摩提倡「二入四行觀」禪法。「二入」乃入禪門的兩種路徑，一者由理而入，一者由行而入。

理入：離一切顛倒夢想，明心見性達一體無二之境，無有凡聖差別，入於寂然無為。

行入：即四行——報冤行、隨緣行、無所求行、稱法行。此乃從生活之中的體驗作四種觀想。

據《景德傳燈錄》所載，南朝梁武帝曾向菩提達摩問道：「朕平生修塔建寺、供僧無數、作種種布施、行種種善事，助種種人群，有何功德？」達摩回答：「毫無功德！」兩人的對談在話不投機的情況下就此結束，達摩隨之渡江往北魏去了，並於嵩山結廬，禪修入定。

達摩與梁武帝的故事是否史實並不重要，但以下簡短的交流卻精彩得很。

帝問曰：「朕即位已來，造寺寫經度僧不可勝紀，有何功德？」

師曰：「並無功德！」

帝曰：「何以無功德？」

師曰：「此乃人天小果，有漏之因，如影隨形，雖有非實。」

帝曰：「如何是真功德？」

答曰：「淨智妙圓，體自空寂，如是功德，不以世求。」

帝又問：「如何是聖諦第一義？」

師曰：「廓然無聖。」

帝曰：「對朕者誰？」

師曰：「不識。」

梁武帝篤信佛教，以他個人對佛學的見解來治國，曾四度出家、還俗。此帝王之善根絕對是有的，但其天資卻離佛理甚遠。四度出家，群臣卻消耗國庫把他們的「皇帝菩薩」由寺院中贖回宮中！這番舉動荒謬得很，亦把佛教醜化得很。蕭衍一生看似弘道護法，可惜「平生作業，業無形」。

當國君則把國君的工作幹好，平衡各方所需，不能偏頗自身所好，方算得上是依從八正道而行。立志為僧者，則上求佛道下化眾生，以無比堅毅踏上那永不退轉的無上正等正覺之路，豈有輕言還俗！僧者以「止」、「切」貪嗔癡三毒為要，若施予僧團過份豐厚的財帛使用、金壁輝煌的寺院居住，則破壞修行者的道心，亦令世人對佛教有所誤解，此惡業甚大。再者僧人出世以救助眾生為己任，絕非只坐着等待十方供養之流。

「福德」是有漏盡的，好比人間的錢財、糧食皆有消耗。「功德」是無漏的、是清淨無餘的，是達至「永不退轉於阿耨多羅三藐三菩提」的，故曰：「淨智妙圓，體自空寂，如是功德，不以世求。」梁武帝一生自以為「行如來事」，卻心有攀求、有執着、有計較、有愛惡，故「毫無功德」。世間梁武帝者眾多，可惜菩提達摩依然只得一人。

探求佛學，不在於多，重於「信、解、行、證」，所謂「行由解起，行起解絕。」問道應從教理深入，把知識透徹理解，亦必須實踐求證，從而不斷修正身心的行為，方為修行。

菩提達摩

日本人對達摩的信仰深受中華文化影響。相傳菩提達摩曾於嵩山少林入定，面壁九年，因此日本人亦隨着這段典故，把達摩的形象刻劃成八風吹不動的不倒翁。每年元旦日本人也喜歡到寺院或神社祈福，並把不倒翁達摩請回家居或公司供奉，祈求諸願成就。他們的許願方法是以墨筆在達摩不倒翁的左眼上點睛，待願望達成後再往右眼處點睛。這樣也是受漢文化以右為尊的影響，故曰「無出其右」。

「三千世界一時明，惟有我佛毫光照」，佛、菩薩的光明照遍三千大千世界，哪用凡夫開啟！所謂開光、點睛也不過是開幕儀式的一種而已。正信的佛教徒應明白「不着佛求，不着法求，不着僧求，常禮如是事」的道理，凡有所攀緣、有所求者，必有所執，這樣不是佛教的精神。我教禪宗的起源，乃由佛

福

陀於靈山會上拈花示眾，人天盡皆默然，惟摩訶迦葉尊者破顏微笑、心領神會。這樣不立文字、不依言語、教外別傳的微妙正法，由迦葉尊者傳至菩提達摩為二十八祖，達摩把法門傳入中國，故尊稱為東土初祖。菩提達摩提倡的「二入四行觀」乃以「理」而入，穩固知識基礎，並同時實踐，老實修行，通達信解行證，悲智雙運。

務望大眾對達摩祖師的認識，不再只局限於少林武功和用作許願的不倒翁。願末法時期各同參努力探求正信佛學，廣宣流布，續佛慧命！

道濟和尚

「面黃如蠟，骨瘦如柴，這般模樣，只好投齋。也有些兒差異，說禪不用安排。」

濟公，法號道濟，宋代高僧，得遊戲三昧，凡夫不解當中禪機，誤以為狂，故號濟癲。有說道濟和尚為五百阿羅漢之一，後人更加入了許多民間創作，使其性格變得更活潑、喜為弱勢平民抱不平、戲弄奸官惡霸、嫉惡如仇，因此深受百姓歡迎。濟公的人物形象總是不修邊幅，一身縫縫補補的陳舊僧服，寓意人生那無過錯，總能修補修正；頭頂的僧帽形似輕舟，象徵普度眾生；手執破扇，清涼自在！

從佛學的角度，濟公應為菩薩應化，非羅漢轉生。

道濟和尚圓寂偈：
「六十年來狼藉，東壁打到西壁，如今收拾歸來，依舊水連天碧。」

菩薩應何身得度者，即現何身而為說法，故濟公是何果位，則無須拘泥，其種種應化，笑談般若，均是度世的善巧方便。

降龍，伏虎

羅漢為「阿羅漢」（梵文 Arhat 的音譯）的簡稱，亦是小乘佛教中所能達到的最高成就。

小乘佛教中的修行，可達至高低不同的四種成就。每一種境地皆名為一種「果位」。

初果：名為預流果（Srotapanna，音譯：須陀洹）——獲得初果，在輪迴轉生時便不會墮入「惡趣」（指地獄、餓鬼、畜生）。

二果：名為一來果（Sakrdagami，音譯：斯陀含）——得到此果，輪迴時只轉生一次。

三果：名為不還果（Anagamin，音譯：阿那含）——證得此果，便不會重返「欲界」受生，而能超生天界（色界天、無色界天）。

四果：名為阿羅漢果，受了此果，諸漏已盡，萬行圓成，永不再受輪迴之苦。

此外，「阿羅漢」亦有三義：

一、殺賊，殺盡煩惱之賊。

二、無生，解脱生死不受後有，離六道輪迴之苦。

三、應供，應受天上人間的供養。

佛教經典所載，佛陀入滅前曾囑咐十六位弟子常住於娑婆世界弘揚正法、續佛慧命；《法住經》則清楚列明這十六羅漢的名字。

第一尊者：賓度羅跋囉惰闍，與自眷屬千阿羅漢居西瞿陀尼洲。

第二尊者：迦諾迦伐蹉，與自眷屬五百阿羅漢居北方迦濕彌羅國。

第三尊者：迦諾迦跋厘惰闍，與自眷屬六百阿羅漢居東勝身洲。

第四尊者：蘇頻陀，與自眷屬七百阿羅漢居北俱盧洲。
第五尊者：諾距羅，與自眷屬八百阿羅漢居南贍部洲。
第六尊者：跋陀羅，與自眷屬九百阿羅漢居耽沒羅洲。
第七尊者：迦理迦，與自眷屬千阿羅漢居僧伽荼洲。
第八尊者：伐闍羅弗多羅，與自眷屬千一百阿羅漢居鉢刺拏洲。
第九尊者：戍博迦，與自眷屬九百阿羅漢居香醉山。
第十尊者：半托迦，與自眷屬千三百阿羅漢居三十三天。
第十一尊者：羅怙羅，與自眷屬千一百阿羅漢居畢利颺瞿洲。
第十二尊者：那伽犀那，與自眷屬千二百阿羅漢居廣半度波山。
第十三尊者：因揭陀，與自眷屬千三百阿羅漢居廣脅山。
第十四尊者：伐那婆斯，與自眷屬千四百阿羅漢居可住山
第十五尊者：阿氏多，與自眷屬千五百阿羅漢居鷲峰山。
第十六尊者：注荼半托迦，與眷屬千六百阿羅漢居持軸山。

也許中國習俗認為十八是吉數，隨着時代演變，後世人卻多加了兩位羅漢名字，人選眾說紛紜，有說是摩訶迦葉和阿難尊者，亦有說清乾隆皇帝定下了摩訶迦葉和彌勒尊者為降龍、伏虎羅漢，這就是十八羅漢的緣起。

天龍八部——迦樓羅

迦樓羅為佛教護法八部眾之一，其翅膀伸展可長達八十里之廣，且力大無比，振動雙翼即可倒海翻天，故有大鵬金翅鳥之譽。

此神鳥以龍為食，日吞一龍王，再噬龍子龍孫五百條。龍眾見其金翅，神通盡失，落荒而逃。龍族恐遭滅絕，求助釋迦。佛陀度化群龍，勸其受持八關齋戒，皈依正法，並施大神力護佑龍眾，從此免遭吞食。

惟眾迦樓羅因而無食果腹，饑饉難耐，亦向如來求救。佛陀勸説眾等戒殺持素，受持五戒人天善法，並囑咐弟子每逢僧眾午齋前上供之時，必須施食予大鵬金翅鳥等，以化解兩族怨恨，同皈佛門，擁護正法。

因此寺門正午上供時，僧人需往院外施食台上以米飯出食，並誦持：「大鵬金翅鳥，曠野鬼神眾，羅剎鬼子母，甘露悉充滿，唵穆帝莎訶。」以布施有

情眾。

畫作造型源於日本國寶京都三十三間堂內的迦樓羅雕像，與經文描述的大鵬金翅形象有所差別。

天龍八部——龍神

《增壹阿含經》：「世尊告諸比丘，有四事終不可思維，云何為四？眾生不可思議、世界不可思議、龍國不可思議、佛國境界不可思議。」

- 眾生從何而生，死後趣向何處，均各具本業，故不可思議，難以測度。
- 一切世界皆眾生業力而起，成，住，壞，空，輾轉相續，無有間斷，其緣起緣滅不可思議。
- 龍族眾生具降雨神通之力，施放雨露非從口出，亦非從眼、耳、鼻出，乃從意念而起，其念若善若惡皆可成雨，故龍不可思議。
- 如來法身清淨無染，本自具足，無所從來，亦無所去，其福慧均超絕常倫，非人、天二乘眾生所能了悟，故佛境不可思議。

從上文中可見龍族的奧妙，能以意念化雨。故惡毒蛟龍施放風雷、降注冰雹、摧毀良田、口吐毒液、侵擾人畜；善龍則適時降雨、潤澤萬物、豐饒五穀、護持佛法。

從佛教的角度，龍屬於畜類的神靈，因中修行，卻偏重修福而忽略研習經教、修持戒律等善業，且性情急躁、瞋念未除，並心存我慢，不敬佛、法、僧眾，皆是淪落畜道之因。惟尚具福報，雖披鱗戴角仍不失行雷施雨之神通，騰雲駕霧，遨遊深海，來往自在。如此威猛神獸也難免業力的果報，故龍有四苦，此瑞獸的天敵為大鵬金翅鳥——迦樓羅，神鳥力大無比，以龍為食，群龍在遠處見到那對金色晃耀的翅膀，已驚惶得神通盡失，落荒而逃。此外，龍厭惡炎熱，只好棲息於清涼之處，所以每次現身必施風雨、雲霞蔽體，若遇上灼熱風沙，即恰如烈燄焚燒，苦不堪言。龍身上的每一鱗片都寄生着許多小蟲，故鱗甲飽受細蟲啄噬，痕癢難耐。另龍行慾交配需時甚久，更會露出如蟒蛇般的本相，威儀全失。

一切眾生難逃業力所感，縱使不可思議如龍神眾，雖具神通，仍常受四苦煎熬，故求法問道須勤策三業，福慧雙修。

獅子吼

華夏文化以龍為尊，而西方的古文明中，則以獅子為文化符號，象徵王者的權力或宗教的莊嚴。這種大型貓科動物源於非洲，約兩萬多年前開始繁衍於西方各地，遠至亞洲的印度，因此佛教對獅子也頗多描寫和寓意。

古時中國並無獅子，文獻最早有此猛獸的記載是《東觀漢記》：「獅子形如虎，正黃，有髯耏，尾端絨毛大如斗。」古時這般異獸屬他國來朝進貢的禮品，本來只有皇室及內侍官員方能一睹其形，但鑒於佛教於同一時期自天竺傳入東漢，民間也可透過宗教記載而獲得對獅子的認知。

佛教以獅子寓意威儀出眾、勇猛無畏，《大智度論》曰：「佛為人中師子，佛所坐處，若床若地，皆名師子座。」其吼聲震撼嘹亮，能使百獸懾伏，恰如佛陀宣說大乘，妙法殊勝能破無明，能使外道驚愧，諸魔懾懼，魍魎退避。《維

摩詰所說經・佛國品》：「演法無畏，猶如師子吼。」肇公註曰：「師子吼，無畏音也。凡所言說不畏群邪異學，喻師子吼眾獸下之。」

隨着佛教對中國文化的影響，獅子信仰亦逐漸植根於華人社會內，其藝術形象亦注入了濃厚的中華風格。由於佛教對獅子的正面描寫，民間亦將牠視為靈獸，具鎮宅避邪之神威，因此從古至今皆有石獅守門及舞獅驅疫的風俗。

西遊記——唐三藏

《西遊記》中的唐三藏雖是取經團隊的領袖，可是肉骨凡胎且迂腐非常，所以受歡迎程度遠不及悟空或八戒。但這取經隊伍固然不是胡亂湊夠人腳便起行的雜牌軍，每個角色均有其深度和寓意。唐僧正是這團隊中的元神，正因如此才能驅使心猿意馬，對八戒的偏袒是基於對人生諸相（人身豬相）的一切習性的反應。但這樣的一名僧侶能克服十多年旅途中的風餐露宿、重重險境，且途中持戒清淨、不曾退轉，可見其道心堅定、毅力過人，絕非等閒。

至於《西遊記》中的白龍馬，是常被忽略的取經成員，只因牠沿途只充當着唐僧的腳力，對白及降魔次數也是寥寥可數。白龍馬本是西海龍王敖閏的三太子，卻忤逆焚毀了玉帝贈予其父王的夜明珠，敖閏盛怒滅親而告上天庭，小白龍因此被玉帝重打三百，懸吊空中不日遭誅。幸得觀世音菩薩點化，守候東

土取經人的出現，受其策騎當個腳力。而白龍吃了唐僧的馬匹是寓意求道者由凡念轉化正念之蛻變。

西遊記——孫悟空

孫悟空：「自小神通手段高，隨風變化逞英豪。」

「悟空」這名字在年輕的一輩可能只聯想起「龍珠」、「龜波氣功」、「界王拳」等。但於《西遊記》的取經團隊內「悟空」卻有着更深層次的意義，其重點不在於這猢猻的本領高強，沿途披荊斬棘，降魔伏妖。須知探求如來正法首要了悟空義。常言道：「寧可着有如須彌山，不可着空如芥子許，如來說空法破有，若復着空者，諸佛所不化。」可知若曲解空義為求學佛法之一大障礙。故唐三藏發心西行往大雷音寺探求妙理，其踏上佛道的第一步必須了悟如來實相空義，「悟空」也！

近代對孫悟空的藝術形象多數凸顯其面目猙獰，醜陋非常，不然便把猴子創作成身形魁梧、肌肉澎湃的惡妖，該等均是有欠內涵的。《西遊記》原文所

描述的孫行者身材瘦削矮細，身高也不多於四尺，長相奇醜是肯定的，但必須注意該角色的成長過程，石猴渾然天成盡得日月精華，心猿（心源）初生，野性不馴，不知天高地厚，貪求色相長生、戀慕功名，後於八卦爐中初嘗磨煉，再被囚禁於五行山下，經歷五百年的反思得觀世音菩薩開示而皈依佛門，遇三藏法師解救逃出兩界山（五百年前的五行山），兩界即意味孫行者步進超凡入聖的過程。拜三藏門下先殺六賊（去六根之塵），後滅六耳獼猴（除二心），經逢這樣蛻變的妖猴，早已放下瞋恚，立志為僧而上求佛道下化眾生了，豈會再是一味惡形惡相，殺人如麻的惡妖？

《西遊記》在志怪小說的包裝下其實是道出唐僧五師徒在取經途中的心志鍛煉與道心昇華的過程。

西遊記——豬悟能

《西遊記》中的豬八戒本為天蓬元帥，因酒後糊塗且調戲嫦娥，被嚴懲拷打二千重錘，再貶下凡間，投得個半人半畜，淪為豬妖。幸得觀音菩薩點化，皈依佛門賜法號悟能，承諾守候大唐聖僧，保其西行取經。雖為落難天神，卻不失神通，仍有三十六般變化，幻成人身棲居雲棧洞，取名豬剛鬣。入贅高老莊後被悟空降服，拜三藏為師再得法號八戒。這故事耳熟能詳，相信很多人也曾聽過。

但「悟能」、「八戒」有何含意，相信這個未必多人了解或感興趣。「八戒」，八關齋戒也，是佛陀為在家弟子所制定的律法，目的是為了讓在家的男女二眾能種下出世解脫的善根。而受戒的人，必須一天一夜離開家庭，到僧團居住，學習出家人的生活。「關」有禁絕之意，杜絕流轉生死苦海的八種戒律：

（1）不殺生、（2）不偷盜、（3）不邪淫、（4）不妄語、（5）不飲酒（乃至不勸人喝酒）、（6）不着香花鬘不香油塗身及不歌舞倡伎不往觀聽、（7）不坐臥高廣大床、（8）不非時食（過午不食）。

「悟能」——「能」、「所」為佛家語，「能」乃主體，「所」為客體，凡夫以五蘊身心為主，六根受用，自有六塵所染，一切反應而着的境地均為「所」。若了悟「能」所衍生種種幻境，即照見五蘊皆空，度一切苦厄。

唐僧三名弟子之法號其實各有深意，皆有次第。

西遊記——沙悟淨

探求佛理首要了悟空義，隨而悟能，方照見五蘊皆空，從內而外的洗滌，當勤策三業，習四念處①，破常、樂、我、淨之四顛倒②，故悟淨也。當悟空、悟能、悟淨這三種境地相繼成就，則可體解大道，發無量心。

我從小愛讀《西遊記》，幼年最喜歡的當然是神通廣大的孫行者，年紀愈大卻對沙和尚更感親切。自問了無本領，故自知位置不敢妄為，惟一步一腳印，沉穩安份。

「八百流沙界，三千弱水深；鵝毛飄不起，蘆花定底沉。」

本為天界捲簾大將軍，卻在王母的蟠桃會上失手打破玉琉璃，因而被貶凡間，風餐露宿於洶湧喘急的流沙河內，饑饉時更茹毛飲血、以人為食，每隔七日受飛劍穿心之苦，被折磨得不似人形，弄得一頭紅談髮蓬鬆，不黑不青藍靛

臉。幸得觀世音菩薩點化，奉名保護大唐聖僧西行求取真經。悟淨隨三藏法師剃度後，問訊頂禮，不失威儀，甚具僧侶家風，而捲簾本身累劫修行——「皆因學道蕩天涯，只為尋師遊地曠。常年衣鉢謹隨身，每日心神不可放。」故其人物形象由刑責受難的紅髮藍面之兇醜惡妖，蛻變成耐勞憨直的苦行頭陀。

註解

① 四念處：身念處，觀身不淨；受念處，觀受是苦；心念處，觀心無常；法念處，觀法無我。這四種觀想皆以智慧為體，從而把心安住在道法上，使之正而不邪。

② 四顛倒：常顛倒，無常誤而為有常；樂顛倒，以苦當作樂；我顛倒，無我卻執着有我；淨顛倒，以不淨為淨。

西遊記——善才童子與羅剎女

《西遊記》中的牛魔王乃白牛成精，身形魁梧、力大無窮，妻為鐵扇公主，育有一子名紅孩兒。盤據於翠雲山與積雷山稱王稱霸，更自封平天大聖，與蛟魔王、鵬魔王、獅駝王、獮猴王、禺狨王、美猴王等妖怪結義，合稱七大聖。後悟空皈依三寶，隨師路經火燄山遇險，因三借芭蕉扇與老牛故人再逢，惟妖牛痛恨悟空令其愛兒出家、戲弄其妻、殺牠小妾，終與悟空、八戒大動干戈，更被一眾天兵神將、金剛力士圍剿，最後寡不敵眾，受制於李靖、哪吒父子手下，終被馴服而歸順佛門。

羅剎於佛教中乃以人肉為食的惡鬼，這般羅剎女鐵扇公主當然絕非善男信女，但於火燄山一役後，痛改前非而從立自新，修身養命，終得成正果。

聖嬰大王紅孩兒頑劣非常，自持三味真火橫行無忌，悟空受這火氣攻心，

弄得三魂出舍，險些喪命。蒙觀音菩薩降服頑童，並收為座下弟子，賜法號善才童子。當然這只是小說情節而已，按《大方廣佛華嚴經》所記，善才童子卻是位持戒清淨，好學求道且精進非常的大菩薩。

閻羅天子

閻摩羅闍（閻羅王）源於古印度婆羅門教的神明，梵文為「Yama 閻摩」，「rāja 羅闍」意即大王，其名字有束縛罪人之義，故主管冥界，懲治生前作惡而淪落鬼道之亡靈。此外亦可譯為「雙世」，閻摩過去生中，曾為毘沙國國王，其性窮兵黷武，後被鄰國擊敗，心生怨恨，立誓當來主宰陰司，把仇敵一一押往地獄嚴懲以洩其忿，因此甚深的怨念，促使他淪為陰間的大鬼王，並與一眾部下率領無數鬼差長居南贍部洲的鐵圍山內掌管冥界。但亦因過去生中的一念瞋恨，而令閻摩每天晝夜三時均受烊銅灌口之業報，銅汁灼熱從嚥下徹，五內無不焦爛，痛楚無比，苦不堪言，惟劇痛後卻又旋即復原，繼續與眷屬共享娛樂，故名「雙世」，於世間中常受苦樂二報之意。

閻羅天子雖屬鬼王，仍受過去生的業力所感，卻不乏福報，發心擁護佛法，

率領眾部下護持一切行善之人。鬼王以殺生為惡的多，能發心如閻王的實屬難得，因此佛陀也在《地藏菩薩本願經．閻羅王眾讚嘆品第八》中嘉許閻羅天子，並囑咐大梵天及帝釋天守護一眾行善的鬼王。

閻摩大王隨佛教傳入中國後，也漸漸與儒道文化融合，衍生出十殿閻羅，把君主制度投射在陰曹地府，每一殿各有一王，各掌文武百官、夜叉鬼卒，管轄城隍土地，審判亡魂，生前犯下不同罪孽者，均發配往不同地獄受不同刑罰。十殿閻王依次序為秦廣王、楚江王、宋帝王、五官王、閻羅王、卞城王、泰山王、都市王、平等王、轉輪王各有職責，賞善罰惡，彰顯因果報應以警醒世人。

象・袈裟・錫杖

象性情溫純、穩重、團結，故為瑞獸，有祥和、吉祥、貴氣之意。在佛教中，白象更代表行願殷深，辛勤不倦，具大雄、大力、大慈悲的隱喻。

畫中白象身披袈裟——「僧伽梨」，其色暗濁，不求亮麗，寓意刻苦修行、廣種福田。牠手執「錫杖」，以示威德俱足，堅忍不退。

佛弟子必須持戒清淨，守三衣一鉢，安貧樂道。三衣，乃僧侶日常起居的三種衣服，按不同場合所穿着：「僧伽梨」，亦稱大衣、雜碎衣、高勝衣、祖衣等，於外訪及其他莊嚴儀式時穿着；「鬱多羅僧」，亦稱七條衣、上衣、入眾衣等，於聞法、誦經時所用；「安陀會」，也稱五條衣、中宿衣，為平常作務及就寢時所穿。隨時代演變，現今三種袈裟亦只在法會上穿着了。

袈裟另有「解脱服」、「福田衣」之稱，把大眾布施的故衣裁為長方布塊

再縫合而成，形似農田阡陌。常披法衣以警惕佛子廣行善業、勤耕福田、捨離物慾、自利利他。據《悲華經》所載，袈裟有五種殊勝功德：

一者、入我法中，或犯重、邪見等四眾，於一念中敬心尊重，必於三乘授記。

- 入我法中出家身披袈裟者，或犯重禁、或犯邪見，若於三寶輕毀不信，集諸重罪，比丘、比丘尼、優婆塞、優婆夷①，若於一念中生恭敬心，尊重佛、法、僧。如是眾生乃至一人必與授記，於三乘中得不退轉。

二者、天龍人鬼，若能恭敬此人袈裟少分，得三乘不退。

- 天龍鬼神、人及非人等眾生，若能於此恭敬披着袈裟者，見其法衣少分，即得不退於三乘中。三乘者為聲聞、緣覺、菩薩。

三者、若有鬼神諸人，得袈裟乃至四寸，飲食充足。

- 若有鬼神、諸人為飢渴、貧窮等所迫，得袈裟小塊乃至四分，即得飲食充足。

四者、若眾生共相違反，念袈裟力，尋生悲心。

- 若眾生共相衝突，起瞋恚之想，如念及袈裟之神力，頓生慈悲之心。

五者、若在兵陣持少分，恭敬尊重，常得勝他。

- 若在兵甲戰事之中，持袈裟少分，發心恭敬，是諸人等無能侵損，常得勝他過此諸難。

另一法器——「錫杖」，它與「三衣」同屬頭陀十八物之一，僧侶沿門托缽化緣時，於施主門外搖晃法杖，發出「錫錫」聲響以代替叩門，恭請善信出門布施。此外，於遠行時也可藉此聲響令一切蟲獸悉皆迴避，有防身之用。

《得道梯橙錫杖經》曰：「汝等今當受持錫杖，所以者何？是錫杖者，名為智杖，亦名德杖，彰顯聖智故。名智杖，行功德本故曰德杖。如是杖者，聖人之表式，賢士之明記。」「所言錫杖者，錫者輕也，依倚是杖，得除煩惱，出於三界，故曰輕也。錫者明也，持杖之人，得智慧明，故曰明也。錫言不迴，持是杖者，能出三有。不復染着。」可見錫杖之殊勝，彰顯佛陀的智慧和功德。

藉劣作一幅，淺談佛教袈裟、錫杖。盼大眾能略為了解當中寄意；皈依佛教者更不應貪求亮麗奢華，應當勤耕福田、樸實修行。

註解

① 比丘、比丘尼、優婆塞、優婆夷：男出家眾、女出家眾、男在家修行、女在家眾。

教外別傳

《聯燈會要》曰：「吾有正法眼藏，涅槃妙心，實相無相，微妙法門，不立文字，教外別傳，付囑摩訶迦葉。」

這道出禪宗以心印心的要旨，「教外別傳」並非禪師把學習的要訣傳給弟子後並吩咐門人不可外傳，「教外」的意思是有別於傳統言教的學習，「別傳」乃特別的傳授。古來大德常言：「佛說八萬四千法，人人各持一妙根，惟有祖師西來意，不在八萬四千門。」何其自性本自具足、能生萬法，諸祖傳法在於印證所契悟的本心，若拘泥於種種文字，言語必有所執，不見悟境。但禪宗不否定文字、言語的價值，反視之為學習的工具，故《金剛經》曰：「佛說般若波羅蜜，即非般若波羅蜜，是名般若波羅蜜。」從文字般若①而起行，行起解絕②，得觀照般若。觀照色空；照受想行識空；五蘊空時，眾生亦空，眾生空

即無生，無生便是佛，證實相般若現前即到彼岸。

「原來佛法無多子，只在平常日用中，穿衣食飯親認得，千差萬別體皆同。」禪宗修行重於日常實踐。生活處處，處處禪機，了無神秘，更無不可告人之密法。

註解

① 般若：大智慧。
② 行起解絕：了解義理，並實踐求證，從而對經教融會貫通，解除疑惑。

禪

皈依佛門三十餘年，對禪宗最感親切，惟根器暗鈍，所學有限，均屬皮毛，愧哉！今把僅餘所知敝帚自珍，粗說禪宗大概，盼與同參、志同道合者分享，共結善緣。

佛門禪宗的要旨為不立文字，不依言語，乃教外別傳的授學方法。「禪那」乃梵語譯音，有靜慮、思維之意，禪並非高不可攀、深不可測，也絕非模稜兩可、似是而非的觀念，更不是晦澀難懂的偈語詩詞！禪源於生活日常，舉手投足處處顯現，透過良師的開示、經歷正信正思維的學習後，得到闍梨導師①的認可，方為開悟。禪重於思維的鍛煉和昇華，藉着身體力行讓心境突破種種執着，破除種種無明②。「悟」是自心最直接、最真切的感應，當中感受非文字、言語、圖像、音律等外物所能表達，故《金剛經》曰：「若以色見我，以音

聲求我，是人行邪道，不能見如來〔……〕應如是生清淨心。不應住色生心，不應住聲香味觸法生心，應無所住而生其心。」不管是臨濟所參的話頭或曹洞所參的默照③，縱然方法各有剛柔之別，前者猛力逼出疑情，後者以止切之法④斷見思煩惱，皆是心智的訓練及修正。若偏執於祖師的公案、偈語等片面行文，則無法領悟當中意思，更有違禪宗的要旨，離大道甚遠了。

昔日五代高僧法眼文益禪師尋師訪道，對律宗、唯識也頗具心得，於一次遊學中因風雪而暫避於桂琛和尚任方丈的地藏院內。寒天碧雪下，眾同參圍着火爐取暖時，方丈探門而入，向文益問曰：「此行所為何事？」

法眼回答：「行腳（遊學問道）。」

桂琛和尚：「行腳又所為何事？」

法眼回答：「不知道！」

桂琛和尚：「不知最親切。」

從以上兩人的對答已見機鋒，亦為師徒結下緣份。

翌日天色好轉，法眼向方丈告假辭去，桂琛禪師熱情送別至山門時向法眼提問：「汝參學三界唯心，萬法唯識。今門庭前的這塊石頭，是在心內，還是在心外？」

法眼回答：「在心內。」

桂琛禪師笑曰：「行腳者何以提着石頭在心坎內！」

法眼被方丈這樣一問，甚感慚愧，即放下行裝，拜桂琛禪師門下。

法眼在地藏院的三十天內向方丈道出自己對佛學的種種見解和心得，但桂琛禪師對他的觀點並不認可：「佛法不是這個！」法眼一籌莫展，甚感無奈，坦誠曰：「我已辭窮理極。」

桂琛禪師答曰：「若論佛法，一切現成。」法眼聽後狐疑盡淨，朗然清澈，當下開悟。

以上正是禪宗以心印心的體悟。

聖一法師曾言：辭窮就是言語道斷，理極就是心行處滅。修行至心盡言絕之究極時，才能明白佛法，心行未盡，未解佛法，更不會說法，所以佛陀所說之法，不可以心取，更不可以口說。語言道斷是不可說，心行處滅是不可取，這是《金剛經》中經常提及的「非法、非非法」。如來所說的法，不是有（非法），又不是無（非非法），黃檗禪師曰：「法本不有，莫作無觀，法本不無，莫作有觀。」法不是有、不是無、不是亦有亦無、不是非有非無，離四句，絕百非，方能見到諸法的實相。

認識禪宗不深者往往對一些不合邏輯、甚至互相矛盾的禪語摸不着頭腦，若偏執於字裏行間便捉錯用神了，事實上這些話頭、公案是讓參禪者抽出「疑情」，不斷思維至萬念歸一，再達屏息諸緣至一念不生。故曰「大疑大悟，小疑小悟，不疑不悟。」可惜現今看話頭者多，但悟道者少之又少，這是由於今人物質豐盛，對名譽利益的追求更是強烈，六根⑤盡被六塵所障⑥，根器已遠不及古人。偶爾看到一句話頭雖有感覺，卻不明所以，執着言句名相，在話尾上用心，誤解了禪的本懷，這樣便與玄關背道而馳。因此恩師常告誡我等，寧可千年不悟，不可一日錯路。

註解：

①闍梨導師：教授或軌範正行，即矯正弟子行為的僧人。

②無明：不明道理，了無智光。

③臨濟，曹洞：禪宗自唐朝六祖慧能以後，衍成曹洞、臨濟、雲門、溈仰、法眼五派。臨濟宗所參學的禪法名「話頭禪」，曹洞宗所授的為「默照禪」。

④止切之法：停止並斷除妄念的方法。

⑤六根：眼、耳、鼻、舌、身、意。

⑥六塵：色、聲、香、味、觸、法。法塵為前五根所緣境界，分別好壞而起善惡諸法。吾人日常所作，雖已過往，卻對前塵影事憶念不忘，便是法塵的作用。

前塵影事

題字：周恒　篆刻：田中正美

一筆一畫，回眸前塵影事

投入寫畫時能暫且放下塵勞，樂得安然，亦令我回憶起許多童年既往。從少愛讀神話，幼時更愛嚷着老爸給我睡前說《西遊記》、《封神演義》等，如斯往事甚是懷緬。小學時期，母親希望我與家姐學業聰穎，故經常帶我到寺院、廟宇參拜，祈求文昌帝君等神明護佑。童年走進煙霧瀰漫，燈光昏暗的古剎內，對各神像既感神秘，卻又有着莫名的親切，亦因好奇促使我對傳統文化、宗教及民間信仰產生了濃厚的興趣。回首昔日牽着慈闈漫步上環的文武古廟、觀音堂、濟公廟等地，這不僅是溫暖的回憶，也見證着這小城窄巷的蛻變。

滿天神佛的太平山街

童年時在太平山街認識諸天神佛，中年後在太平山街認識香港歷史。

對民間信仰的興趣源於童年時期隨母親「拜神」而泛起的，且從小家中供奉觀音，兒時拜祀的神明亦以此尊為主，年長後皈依佛教，對觀世音菩薩再有更深度的認識，與此菩薩的緣份甚深，份外親切。多年來不管順逆，此信仰依然銘感五內，使吾道心堅固。

小時候印象最深的廟宇是太平山街的百姓廟和隔鄰的新孖廟（兒時俗稱濟公廟），舊日每逢驚蟄，廟外滿地均有「打小人」的活動，噼噼啪啪的喊打聲此起彼落，好不熱鬧！

太平山街百姓廟，本名廣福義祠，屬東華三院的發源地，此廟宇建於一八五一年，本以供奉客死異鄉的華人亡魂及暫存靈柩，卻因管理不善，致流離失所的貧苦大眾也遷入祠內借宿，及後更成為重病垂危者的收容所，祠內擠逼，人屍共存，恍如「人間地獄」，其衛生環境極度惡劣，曾被媒體廣泛報道而轟動一時。一八六九年港英政府勒令封閉，此舉引起了香港華人對醫療設施急切需求的關注，因而催生了東華醫院的成立。

廣福義祠是華人供奉祖先的祠堂，並安置客死他鄉的華人靈位，故別稱百姓廟。祠內以地藏王為主祀，祈佛力超薦，救助冥界孤魂；另有太歲供奉。在旁的新孖廟則建於一九〇二年，當時此廟供奉的有天后、包公、黃大仙、侯王、觀音、月老，和合二仙，廟內更有一「貴人」神像牽着一頭綠（祿）馬，我童年時對此塑像最是難忘。八十年代初因灣仔迪龍里的清拆，巷內兩所古廟的「濟公」及「綏靖伯」均被逼遷往新孖廟，此廟供奉着滿天神仙，與廣福祠同樣是佛、道神明共同祭祀，正好反映民間信仰對兩教之混淆。

2008 年上環太平山街 34 號觀音堂

1980 年上環太平山街 34 號觀音堂
（照片：鄭寶鴻先生提供）

2020 年上環太平山街 34 號觀音堂

2020 年上環太平山街 34 號觀音堂

（對民間信仰的興趣始於荷李道至太平山街的文武廟、觀音堂、新孖廟。）

70 年代廣福義祠俗稱百姓廟

1980 年上環太平山街觀音堂及新孖廟
（照片：鄭寶鴻先生提供）

1985 年上環太平山街 38 號新孖廟
（童年時俗稱濟公廟）
（照片：鄭寶鴻先生提供）

2008 年廣福義祠俗稱百姓廟

2020 年廣福義祠俗稱百姓廟

街道消失——迫遷濟公

談及「新孖廟」的濟公，自然憶起一條消失了的街道——迪龍里！

「迪龍里」，相信只有熟悉灣仔區的老香港才有印象。此乃皇后大道東交界的一條掘頭巷，為濟公廟原址。此廟建於十九世紀，至二十世紀八十年代初因土地收購及區內重建，這小巷及周邊位置均被清拆，改建成現今的胡忠大廈。濟公廟內的各路神明亦因此遷往上環太平山街三十八號的新孖廟內。承濟公的名氣，令本以供奉諸天神佛的新孖廟香火更加鼎盛。至九十年代初，新孖廟也因土地重建拆卸，「濟公」則再度遷往隔隣四十號的「百姓廟」。

70 年代灣仔迪龍里

1983 年 5 月灣仔迪龍里清拆
（照片：譚中舜先生拍攝）

80 年代初灣仔合和中心
以東的皇后大道東
（照片：譚中舜先生拍攝）

「勝地」由來

灣仔迪龍里的濟公廟前有一塊麻石圍欄，欄上刻有「勝地」，以黃底色襯托着這兩大紅字，感覺樸拙。此石匾於當年清拆街道時早已被毀，後「濟公」遷往太平山街新孖廟後，為保留昔日灣仔濟公廟的特色，故以鐵皮複製了一面「勝地」牌匾，懸掛於廟外的石牆上。九十年代新孖廟遭受清拆，該牌匾改為膠牌掛於廣福義祠外的紅牆上，至近年祠堂維修翻新後，「勝地」字牌則參照早年迪龍里的石欄，復刻成石匾安放在廟堂門前。唯色調與古樸味道豈及當年！

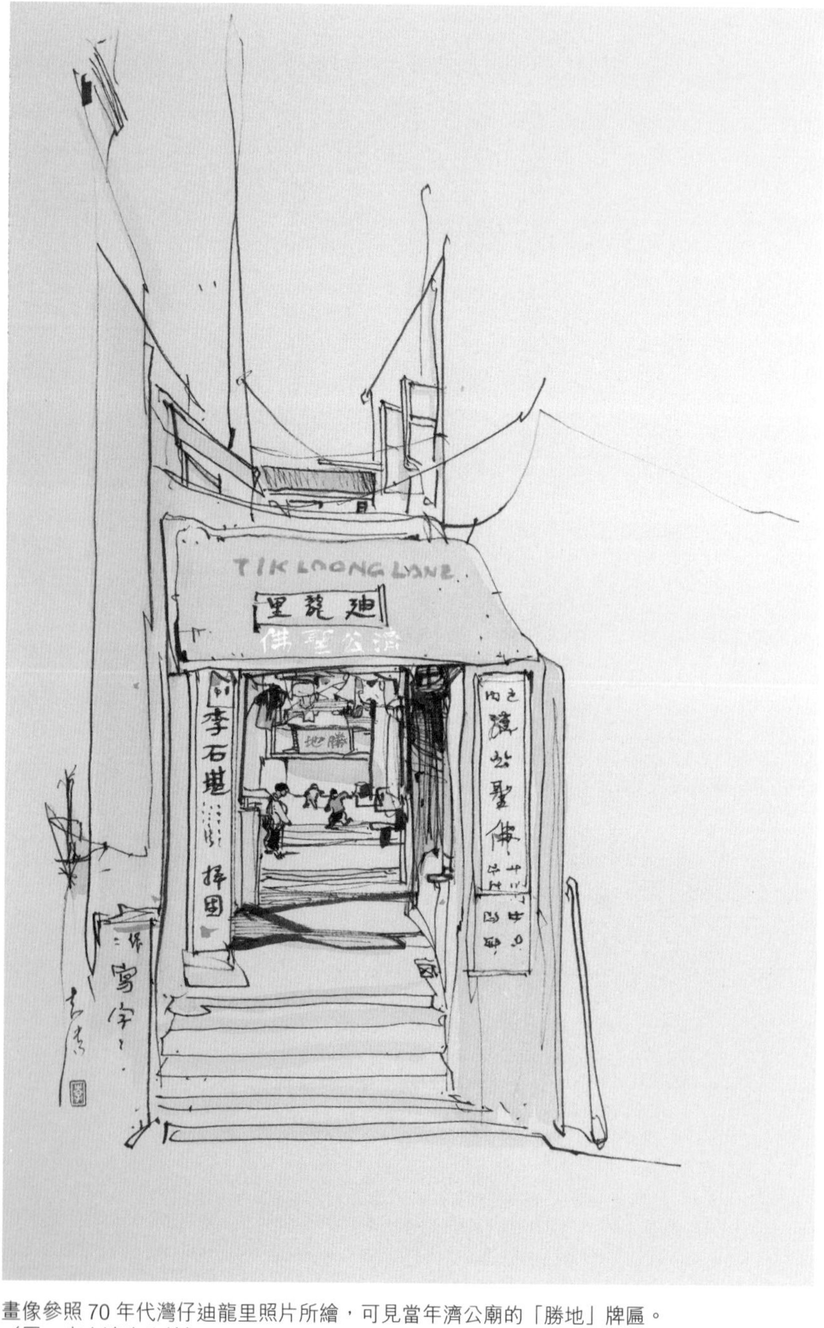

畫像參照 70 年代灣仔迪龍里照片所繪，可見當年濟公廟的「勝地」牌匾。
（圖：李志清先生繪）

2008 年廣福義祠外牆懸掛的「勝地」牌匾

2020 年，復刻的「勝地」石匾安放於廣福義祠的正門前。

考試前必撫文昌筆

兒時常往的廟宇除太平山街的觀音堂外，荷李活道的文武廟我也是常客。小學時期每逢考試臨近，家母必定帶我到這裏參拜並一撫「文昌筆」祈求學業進步。年長後方知此廟宇建於十九世紀，屬香港最早期的宗教建築，廟內以文昌帝君、武聖關帝為主祀，左右供奉着城隍和包公，主壇前兩旁奉王靈官、張仙、關平、周倉四大護法，另有十殿閻王，全屬主持公義的神明，因舊時代的華人均有「舉頭三尺有神明」及「生不入官門」的思維，所以逢有糾紛便到廟堂向神明立誓，求請諸神仲裁。香港開埠初期，港英政府仍批准在廟內舉行「斬雞頭、燒黃紙」的傳統宣誓儀式。文武廟旁的列聖宮則供奉觀音、呂祖、太歲等神明，同屬混合佛、道兩教的民間信仰。至於列聖宮旁的公所為早期區內華人議事及排難解紛的場所。

上環文武廟歷年照片

1915 年攝（照片：鄭寶鴻先生提供）

1915 年攝（照片：鄭寶鴻先生提供）

2006 年攝

1977 年攝（照片：鄭寶鴻先生提供）

2020 年攝

上環文武廟歷年照片

廟內供奉之包公，2006 年攝。

廟內供奉之城隍，2006 年攝。

廟內「文昌筆」，2008 年攝。

廟內十王殿，2006 年攝。

廟內十王殿，2020 年攝。

文武廟內四大護法神明：從神關平、周倉（上左右），
送子張仙、靈官之首王善（下左右）。

2008 年上環文武廟旁，列聖宮供奉之觀世音菩薩。

人間道

題字：周恒　篆刻：鮑慕貞

從童年對民間信仰的好奇，至少年皈依正信佛教，在多年研習經教後，方了解佛、菩薩之果位與神道之別，頓覺普羅大眾對佛、道人物常有混淆，不知釐清。隨着歲月流逝，許多傳統文化更逐漸被遺忘，宗教神祇或神話故事亦因相關影視作品的改編下，令年輕的一輩也難以認識傳統信仰之典故。對許多宗教神明，只知其名卻不知其由來與深度，甚至曲解誤傳，如大眾也曾聽聞觀音、文殊、地藏王等名號，但不知諸佛菩薩均以功德立名，各有寓意；亦如「劉海」，年輕的朋友們只知是髮型的一種，那知它源於道教全真派祖師！

在現今影視作品改編的渲染下，許多神話故事中的人物皆已偏離原形，那麼我們繼續溯本追源，再探各路神明的來歷！

紫氣東來

「紫氣東來」，所載故事與老子有關。相關記載可溯源自漢代劉向所編撰《列仙傳》中〈老子〉、〈關令尹〉兩篇。

老子姓李名耳，字伯陽，「聃」是他的諡號。相傳老子在周代時先後任職柱下史、藏書史，負責管理京中藏書。學問之淵，連萬世師表孔子也曾向他問學禮儀。〈老子〉篇記述，老子認為周朝已衰落，於是乘坐青牛離開東都雒邑，西入長安。途經函谷關時，關令尹喜知道他是得道之人，於是在接待他時強行請老子留下著作才肯放他出關。老子著書傳授，這本著作便是道家奉為經典的《道德經》上下二卷。而所謂的「東來」，指的便是從東面而來的老子。

至於同屬《列仙傳》的〈關令尹〉篇，則補充了更多細節。除了敍及關令尹喜的身份是熱衷修道之人外，更強調尹喜得知老子西遊，是透過「望氣」占卜，

這又為故事添上了相當的神仙色彩。

只是這裏的「氣」並未詳載顏色。迄唐代《藝文類聚》載其為「紫氣」。「關令登樓四望，見東極有紫氣西邁。喜曰：『夫陽氣盡九，星宿值合，歲月並王，復九十日之外，法應有聖人經過京邑』至期，乃齋戒，其日果見老子。」以上所見，「紫氣」象徵有聖人將至，是以關令尹喜才能及早齋戒，迎接老子。

至於為何「紫氣」有此象徵，一說是紫微星，一說紫色乃富貴之色。前一說法與尹喜所言「星宿值合」的說法相接近。所謂「星宿值合」，在《太平御覽》又記為「九星度值」，意旨星宿遇合，很可能是「九星連珠」的天文現象。至於後一說法則有待商榷，惟從唐、宋三品以上官員朝服皆為紫色，可探得「紫」之富貴象徵。與老子同世的孔子，便曾批評「惡紫之奪朱也」，以朱是「正色」，以紫為「間色」，意指紫色只是雜色，地位不正。順帶一提，金庸更曾化用這項概念，命名筆下角色「阿朱」及「阿紫」呢。「惡紫之奪朱也」，所奪者，蕭峯也。

道教奉老子為始祖，尊其為「太上老君」，視《道德經》為重要經典。很有可能，紫氣能在後世成為祥瑞之氣，或多或少便是叨了老子「紫氣東來」的光。「望氣」之道，吾等未知。但尹喜等待的老子自東御牛而來的一幕，或可從畫中稍窺一二。

三星拱照

古人對宇宙的認知極為有限，亦對大自然的力量感到神秘而生敬畏。於黑夜中抬望滿天星宿，不禁被那閃爍耀眼的光芒深深吸引，產生各種奇思妙想，甚至視若神明般膜拜。在天馬行空的想像中，卻不乏認真探索。古人長年觀察星軌的移動，並連同氣象的變化仔細記錄下來，把統計出來的資料應用於日常，如預測氣象及農務耕作。隨着宗教的出現，漫天星宿更逐漸神格化，各司其職、主宰人間禍福，其幽明晦暗均能預兆吉凶。

在眾多星君之中，最廣受世人認識和敬愛的想必是「福」、「祿」、「壽」三星了！「福星」乃道教五曜之一的歲星，亦名木星，其公轉週期為十二年，與中國地支紀年法的運轉相應。它圍繞太陽運行一周正好一年，一年為一歲，故名歲星。此星一年的運行最早於東方出現，在中國五行學說中屬木，這也是

被命名「木星」的由來。按西漢《淮南子．天文訓》所載：「歲星之所居，五穀豐昌」，可見歲星所到之處必見豐收昌隆。歲星最初的神格形象見於南朝張僧繇所繪的《五星二十八宿神形圖》，該形態為豹頭人身，騎坐着一野豬頭馬身的瑞獸。隨着時代變遷，木德星君的形象也漸漸被塑造成身穿官服、富態慈祥的長者。更有歷史人物被後世追封為福神，如殷商時間的賢臣比干，道教尊稱「守財藏真比干真人宏德廣化天尊」，掌管人間福澤財帛。另有唐朝清官陽城，雖被貶道州，仍冒死為當地民眾力諫唐德宗，廢除弊政，造福百姓；白居易曾以詩文《道州民》記錄此事，隨文學作品的廣泛流傳，後人不單讚頌其德政，更奉陽公為神明，作福星供養。

「祿星」則是文昌六星中的司祿星，顧名思義，此吉星掌管人間的功名利祿，道教奉此星君為文昌武烈梓潼帝君，受士人學子敬奉。大概到了明代初期，「祿星」不單是官祿之神，更具有賜予世人後嗣及護佑孩童的神通，故其人物形象為手抱童子且學富五車的員外郎。

「壽星」，按唐朝司馬貞的《史記．八書．封禪書》所載：「壽星，蓋南極老人星也，見則天下理安，故祠之以祈福壽。」此星君亦名南極仙翁、長生大帝，乃賜贈長壽安康的神明，其形象為和顏悅色、神采飛揚的慈祥老人，且頭長而額門豐滿，均寓意長生聰穎。另《程史．卷四》記載：「凡壽星之扶杖者，杖過於人首，且詰曲有奇相。」因此南極仙翁必配詰曲長杖，並手持仙桃或靈芝等延壽聖物。

關羽

「一騎絕塵走千里，五關斬將震坤乾。」

從「屯土山關公約三事」至「千里走單騎」，《三國演義》的美髯公是何等神威凜然、忠義兩全。小説家杜撰出來的藝術形象總是充滿着浪漫，這當然與正史傲慢的關羽有着一定的落差，但在宗教的宣傳及各朝代的推廣政策下，再配合羅貫中的妙筆生花，縱然性格和政績帶有缺憾，也無礙後人對關公的擁戴，而讓這位一代名將逐漸登上神級的品位。

昔日關羽魂斷當陽，從此玉泉山下也流傳着頗多駭人怪談。話説關羽殺業太重且怨念甚深，故不得解脱，其陰魂常徘徊於幽山叢林，時而咆哮，時而怒喝：「還我頭顱」，憤然索冤，過路者無不膽戰心驚。至隋朝聖僧智顗大師入山建寺，逢冤魂作亂，故慈悲度化關羽，解其心中憂鬱而得以超薦，此後更發

人間道

願護持佛法，守衛伽藍。道教所載也有雷同，以關羽自玉泉山顯聖後，遇鐵鉢真人，立法為地祇上將。由此可見關公的早期形象均屬福德鬼王。

唐玄宗於開元年間詔設太公尚父廟，廟堂內供奉了十一位歷代名將，以周朝的姜尚為主祀，漢朝的張良為副祀。隨後唐肅宗更尊姜子牙為武成王，太公尚父廟亦更名為武成王廟，簡稱武廟。至建中年間，唐德宗接納了時任禮儀使顏真卿的建議，於武廟內再增加祭祀古今名將六十四人，「蜀前將軍漢壽亭侯關羽」正是其中一員，這是關公首次得到國家級別的供奉。

然而時移世易，隨着宋太祖對歷史觀的改變，以「魏國吳起坑殺降兵，不配受後人祭祀」為由，將二十二位將領於武廟內剔除，不得祭祀，這些將領或曾不服從君令調度，以稱病或逃至他國抗命；或治軍不嚴，飛揚跋扈，甚至造反；或依附宦官；或曾被拘押，甚至投敵等。趙匡胤以受供奉的名將不應有瑕疵為由，實乃對朝中官員宣示其用人的標準，藉此籠絡人心，亦對有異心者作出警誡。蜀將關羽正因「為仇國所擒且曾投敵」而被納入除名之列。直至北宋末年，當權者的歷史觀再起了變化，宋神宗對劉備甚為推崇，更曾自比劉玄德，因此舊日被貶抑的蜀將如關羽、張飛的地位便得以提升。至宋徽宗年間，關公再被配享，重回武廟，更獲尊號「崇寧真君」，隨後亦獲加封為「忠惠公」、「武安王」等。此時關公的品位雖然得到皇室的尊崇，但在滿清入主中原前，其地位與南宋名將岳飛相比仍有差距。岳飛精忠，誓死報國，卻被奸臣謀害，死後數年即獲宋孝宗平反，並追諡武穆、後追贈太師、追封鄂王，改諡忠武。岳飛一生抵抗外敵，被視為民族英雄，配奉於各地武廟，受萬民景仰。於明朝洪武年間，朱元璋更下詔岳飛列為歷代三十七名臣之一，「從祀歷代帝王廟，配宋太祖享」，於景泰年間更建有宋岳忠武王廟，得明代宗御題「精忠之廟」。身後榮譽比蜀將關羽有過之而無不及，繼唐代尊太公望為武廟主神後，岳飛可視為中國的第二代「武聖」。

至萬曆年間，岳飛再加封「三界靖魔大帝忠孝妙法天尊岳聖帝君」，關公也加封為「三界伏魔大帝神威遠震天尊關聖帝君」，兩位名將同時獲建廟合祀。

這是關羽去世多年後首次受朝廷封帝號，惟這次尊號以宗教性質居多，僅於民間傳頌「關帝、岳帝」，皇室內卻不見廣泛流傳。關公的地位一直至清朝方真正得到皇室的全面尊崇。相傳努爾哈赤熟讀《三國演義》，視之為軍事寶典，更奉關羽為戰神。往後更獲多位滿清帝王加封謚號為「忠義神武靈佑仁勇威顯護國保民精誠綏靖翊贊宣德關聖帝君」。反觀岳飛的信仰卻遭刻意淡化，這舉動源於政治手段，利用蜀漢名臣對國民進行「忠君護主」的思想教育；此外滿族入侵中原稱帝，而岳飛卻是抵禦外辱的抗金英雄，當權者須慎防有人以崇拜岳武穆為名而燃起反清復明之火種，因此清朝多位帝王對這位南宋名將的處理手法既有壓抑，亦有利用文宣、民間戲曲等，把岳帝打造成愚忠模樣。另一方面，推崇關羽的政策卻截然不同，追封關公三代、下令全國普建關廟，讓這股信仰遍及全國，在滿清皇室的極力尊崇下，昔日從祀於武廟殿外廡間的蜀將終取代了太公望，躍升為武成王廟內的主神，也成為中國第三代「武聖」。

時至今日，關公的傳奇依然歷久常新，祂不僅是傳統文化「忠義仁勇」等德行的代表，其精神信仰普及於民眾，也是華人社會的象徵。

姜尚

有一句廣東歇後語為：「姜太公釣魚——願者上釣」。那麼太公何許人也？齊太公，本姓姜，名尚，字子牙，號飛熊。其先祖曾助大禹治水有功而獲封「呂」地，故以地為氏，後助武王伐紂建周，獲封齊王。

祖上雖具名望，惟姜尚生於殷商末年，早已家道中落。年少家貧，卻好學不倦，滿腹經綸，曾在朝歌當差，惟仕不遇主，見紂王無道便辭官遠去。後遊訪各地諸侯推廣其治國理念，仍不得重視，仕途失意，便以屠牛為業，或經營酒館。前大半生顛沛流離，至古稀之年仍鬱鬱不得志，隱居於西岐渭水，靜候時機。《武王伐紂平話》記曰：「姜尚因命守時，直鈎釣渭水之魚，不用香餌之食，離水面三尺；尚自言曰，負命者，上釣來。」此乃「姜太公釣魚——願者上釣」之由來。

於同一期間，亦有一位同樣失意的賢人正在招攬人才，以圖成就不朽大業，此人正是西伯侯姬昌。伯昌施行仁政，勢力日盛，因而為紂王所忌，屢遭迫害，甚至軟禁，其長子伯邑考更慘被烹殺。後得忠臣散宜生、閎夭營救，為昏君獻上美女、駿馬及各種奇珍異寶，並行賄疏通奸臣費仲，西伯侯方得以逃回西岐。某夜姬昌入睡時，夢見一頭長有翅膀的飛熊投入他的懷中，似有預兆，翌日占算吉凶，得大興之卦，並泛起討伐暴君、建立周朝之念。

姬昌與姜尚的相遇，當然不是隨機的願者上釣那麼單純！一天樵夫武吉在渭水旁譏笑姜子牙的釣魚方法，姜老卻對他說：「你今天入城將犯命案，且必受刑責，性命難保。」果然當天進城時遇上西伯侯列隊返回西岐，武吉卻不明所以地誤殺了其中一名士卒而被捕，武吉百辭難辯，只得哀求侯爺容他在伏法前回家，向年邁的母親道別。武母悲痛，着兒子即往渭水向那垂釣的老者求救。姜子牙見此緣份，收武吉為徒，施展道術，解他劫難。數月後姬昌見犯人還沒有自首投案，故占了一卦，追查其下落，卻算出武吉已自殺身亡。

一天伯昌率兒子姬發郊遊打獵，路經蟠溪峽，竟碰見武吉，大感愕然，其占卜之術，舉世無雙，從無誤算，即命人捉拿逃犯。武吉向西伯侯說明來龍去脈，姬昌早聞渭水旁有奇人以直鈎垂釣，不料竟能亂其卦象，不禁嘖嘖稱奇，敕令武吉馬上引見，如是者，兩位注定成就非凡偉業的賢人終順應天命地連結起來。姬昌見姜尚學識淵博，文韜武略，讚嘆不已，即禮賢下士，虛心求教，並拜子牙為相。《史記・齊太公世家》：「自吾先君太公曰，當有聖人適周，周以興。子真是邪？吾太公望子久矣。」（今譯：我太祖曾說將來當有輔助周朝邁向盛世的聖賢出現，難道此人就是你嗎？我家太公期望你的出現很久了！）因此姜尚有「太公望」之稱號。

說是願者上釣，也是巧妙安排，姜子牙也不負姬昌所望，屢立奇功，推行仁政，輔佐賢君伐紂，建立西周，助周文王、武王奠下國富民安的基石。

在《封神演義》中的姜子牙，不僅輔助伐紂，也背負着封神的重任。封神榜內共冊封了三百六十五名正神，姜尚雖不獲納入封神之列，但獲其師元始天尊賜贈打神鞭，以管轄眾神。因此古時民間的屋樑、房壁上常寫有「太公在此，百無禁忌，諸神退位」的字句，以祈求太公望護佑。

唐開元年間，玄宗更詔設太公尚父廟，奉姜子牙為主祀，後更獲唐肅宗追封武成王，為中國首位「武聖」、「兵家之聖」，甚至奉為「百家宗師」。

哪吒

《西遊記》和《封神演義》為中國最具代表性的志怪小說，兩部名著均成書於明朝，題材豐富，意念天馬行空，亦不乏諷刺時局的隱喻。作品流傳至今，歷久常新，更為後世的文化藝術創作帶來無限啟發。

《西遊記》與《封神演義》的主題各有不同，但兩者均把龐大且複雜的中國神話體系、人物關係作出頗完整的梳理。兩部作品雖無關聯，卻有着許多的共同人物，當中最廣為世人熟悉的，定必是哪吒和二郎神楊戩了。

哪吒為道教神明，見於明初《三教源流搜神大全》，乃玉皇大帝麾下的大羅神仙，三頭九眼八臂，各持法器，降魔伏妖，為玉帝三十六員第一總領使天帥之領袖，永鎮天門。名著中哪吒的藝術形象也是以此為藍本。

還看佛教早於漢朝傳入中國，全盛於隋唐時期，與中華文化互相融合，大

放異彩。追本溯源下，哪吒的原形卻是來自印度佛教中的護法神祇，為北方毘沙門天王的三兒子，名字的漢語譯音為那羅鳩婆、那吒俱鉢羅、那拏等，於宋代以後的佛教文獻中均作那吒。毘沙門天，亦名多聞天，乃四大天王之首，為佛教中的重要護法善神。隨着佛教於隋唐時期的興盛，許多文化藝術亦與中華傳統互相融合，如唐代開國名將李靖，智勇雙全，戰績彪炳，封衛國公，受人民敬仰，故被後世逐漸神化，至元朝期間更與佛教的毘沙門天王糅合為一，成了「毘沙門托塔李天王」，哪吒乃天王之子，因此亦尊稱為「三太子」。

《封神演義》中的哪吒乃叛逆的少年英雄，敢於挑戰權貴，雖闖下彌天大禍卻勇於承擔。兒時的哪吒於東海遊玩，不知其混天綾之威力而鬧翻龍宮，龍太子憤然施襲卻不敵哪吒而被打殺。東海龍王誓報喪子之仇而直奔天庭，狀告李靖父子，哪吒為免禍及家人，因此削骨還父，切肉還母，斷絕關聯，一死了此血債。後得太乙真人相救，以蓮花化身方得續命，此乃《封神演義》中最家傳戶曉的一段。有關削骨肉還父母及蓮花化身的典故，實乃源於宋代佛教禪宗

《五燈會元》所載：「那吒太子折肉還母，折骨還父。然後現本身，運大神通，為父母說法。」禪宗重於心性的琢磨，透過話頭、公案等讓同參猛然思考而抽出疑情，言語、文字只屬輔助工具，故不可過於執着文章段落。以骨肉還諸父母，這裏所指的並非斷絕親情，而是斷捨色肉，了卻塵勞糾結，破無明我執而明心見性，並往生淨土，得上品蓮花化生，清淨無染，超凡入聖。惟文人卻把這禪宗公案移植在其小說作品內，這樣原籍古印之護法藥叉神將便蛻變成叛逆的少年英雄了。

哪吒信仰於宋代納入道教護法神明，後因明朝《西遊記》、《封神演義》的風行，及各戲曲雜劇的推廣下，哪吒果敢勇猛的形象更深入民心，廣受群眾愛戴，各地均有善信立廟供奉。時至今日該信仰仍然普及，以台灣最為盛行，現存於澳門大三巴旁的哪吒廟則歷史悠久，香火不絕，更列為世界文化遺產。

二郎真君與楊戩

二郎神的來歷眾說紛紜，一說是源於東漢巴蜀地域對戰國時期秦蜀郡太守李冰治水的崇拜，當地人民因而將李冰奉為神明，東漢《風俗通》中記載了李冰化身為戰牛擊退江海之神的事蹟。鑒於李冰的名氣，西蜀道教聖地青城山也衍生了李冰次子——李二郎輔助父親屠殺蛟龍、平定水患的神話，據古代文獻《十國春秋》所載，有關灌口李二郎之信仰於五代時期已成熟，盛行於宋朝初期，李氏父子被視為守護當地的川主神明，故各地均有廟宇供奉他們。

隨着二郎神信仰之興盛，道教於北宋期間再塑造了一名屠龍英雄——趙昱，其為隋朝嘉州太守，任內斬蛟龍，平水災，獲後世建廟於灌江口供養，尊灌口二郎，受唐太宗賜封神勇大將軍，玄宗加封赤城王，再封顯應侯。其形象濫觴於李冰次子，民間逐漸把李二郎之典故附會於趙昱之上，更得當時官方肯定，

獲宋真宗封「清源妙道真君」，因此民眾對趙昱的信仰至北宋中期已超越李二郎了。

二郎神信仰發展到元、明兩朝卻起了重大的變化，主要受當時戲曲的大肆渲染及明《西遊記》、《封神演義》影響，楊戩的登場即受時人愛戴，現今更成為深入民心的「二郎神」。《西遊記》稱他為「顯聖二郎真君」，性格高傲，長居灌江，雖為玉帝外甥卻不向帝皇俯首、不駐天庭，只於凡間聽調不聽宣。其法力高強，且具七十二般變化，手執三尖刀，哮天犬常護左右，率梅山七聖及千二草頭神，何等威風凜然，甚具個性。至於《封神演義》的楊戩則相對平實卻睿智，手持三尖兩刃槍，神威依然。每當西岐陣營遇有危難，即能及時救助，化險為夷，助姜尚封神後肉身成聖。其出身背景則由天帝的眷屬變為玉鼎真人之徒、闡教的第三代門人。雖然《封神演義》全文中不曾列出「二郎神」這名號，惟三眼造型、所用兵刃及有神犬護法均與《西遊記》雷同。其後面世的《寶蓮燈》則承接了《西遊記》二郎神的身世，亦沿用《封神演義》

楊戩的名字，繼而發展出敢於挑戰天條而劈山救母的神話故事。在文學作品及戲曲的渲染下，讓二郎神╱楊戩的形象更鮮明、更具魅力，至今仍廣為世人認識。

二郎神的信仰盛於唐朝對李冰治水的崇拜，後來又衍生了灌口李二郎，到北宋中葉道教則塑造了另一川主——「清源妙道真君．趙二郎」，至明代民間藝術創作的二郎真君和楊戩，經歷了多個朝代的蛻變，本為巴蜀地域的鄉土神竟演化成神通廣大的戰神。

東海龍王——敖廣

佛教的《法華經》曾提及八位守護眾生、護持佛法的上善龍王。道教及中國傳統的民間信仰也有五方龍神及四海龍王，專責興雲佈雨、管理海洋、主納世間財寶。

但龍王在許多神話故事中卻演繹着反派的角色，這着實委屈了！若從宗教的角度，龍雖為畜類，仍帶有瞋恨、貪婪等習氣，但其積累的福德深厚，故有神通之力，攝人威儀。因此在華人社會，一般視龍為吉祥、威權、富有的象徵。龍可潤澤萬物，善變化，與溫純仁厚的麒麟、能治亂世的鳳凰、及預兆吉凶的神龜，共享四靈瑞獸之譽。

龍的形象亦融合在中國的傳統哲學和藝術之中，《易經》的爻辭以「潛龍勿用」、「見龍在田」、「飛龍在天」、「亢龍有悔」、「見群龍無首」、「龍

戰於野」，六種龍的狀況比喻世態的起、承、轉、合。藝術上，龍的文化也與起居日常糅合，明朝流行龍有九子之說，中國傳統文化中，「九」是貴數，也有數目甚多的意思，因對龍的崇拜而衍生出九種充滿想像力的神獸：依次序為長子「贔屭」，好負重物，其藝術形象與玄武相近，多見於馱碑裝飾；二子「鴟吻」，龍頭魚身，口潤嗓粗而好吞，有撲滅火災之力，見於建築物的脊樑上；三子「蒲牢」，靈龍模樣卻體形細小，受撞擊時即放聲吼叫，見於洪鐘的提樑上；四子「狴犴」，形似猛虎，好訴訟，仗義執言，見於官府衙門的正堂兩側；五子「饕餮」，形態怪異，羊身人面，眼於腋下，虎齒人手，好食貪婪，青銅鼎上多有此獸形花紋作點綴；六子「螭首」，龍形，體內儲水量驚人，多見於建築的排水口及橋柱上；七子「睚眥」，龍首豺身，性情剛烈，好勇鬥狠，古人把其形刻鏤於刀環、劍柄吞口，以圖添殺氣；八子「狻猊」，形似獅子，好坐且喜愛吞食香火，寺廟的香爐多以此獸作裝飾；九子「椒圖」，其形恰如螺蚌，好幽居僻靜，不受打擾，常見於大門上的鋪首銜環。九種靈獸，各有個性，各有奇思妙想的形相，古人按照龍及九子的品性和形態用於建築及工具的裝飾，讓當中涵含着龍的形象之藝術元素融合在生活日常。

鍾馗

鍾馗乃中國道教中的神祇，專治人間妖邪、驅魔鎮宅，亦具招財引福的神通。關於這位降魔伏妖的「鎮宅賜福帝君」的傳說頗多，以下兩則是較為廣傳的版本。

「鍾馗」洪名最早見於唐朝盧肇《逸史》。話說玄宗一次外遊驪山回宮後身體不適，久病不癒，某夜夢見一小鬼溜入皇宮盜取愛妃玉環的錦繡香囊和他的玉笛，玄宗上前叱問，小鬼輕佻回答：「吾乃虛耗也。虛者，望空虛中盜人物如戲；耗即耗人家喜事成憂。」明皇大怒，敕令侍衛捉拿，卻驚見另一大鬼蓬髮虬髯，面目猙獰，直奔殿前，一手把虛耗擒拿，挖其眼珠後鯨吞入肚。玄宗被眼前所見嚇得落魄失魂，鬼王卻向明王施禮曰：「臣終南山進士鍾馗也。高祖年間，因赴長安應武舉不第，羞歸故里，觸殿前階石而死。幸蒙高祖賜綠

引福鍾馗

袍葬臣，臣感德不盡，誓言為大唐斬除一切鬼魅！」其聲如雷貫耳，把玄宗從夢中驚醒，冒出一身冷汗，瘧疾卻霍然而癒。翌日宣吳道子入宮，把夢中所見的鬼王模樣詳細描述，頒令繪畫為圖以鎮宅誅邪。

另一說法是正氣凜然的鍾馗才華出眾，於唐德宗年間高中金科狀元，德宗卻因鍾氏長相醜陋，褫奪了他的功名，韓愈雖急忙進諫，惟奸相盧杞忌才，讒言唆擺。鍾馗於金鑾殿上怒火攻心，欲痛打盧杞，卻被侍衛制服，羞怒下奪劍自刎而死。事出突然，超乎德宗意料，亦自覺理虧，為了籠絡人心，將鍾馗以狀元官職殯葬，更追封為「驅魔真君」，以祛人間妖邪。但該故事的謬誤為奸相盧杞死後，韓愈才考獲進士，故兩人根本沒可能同朝為官。

另「終葵」見於商、周時期，乃殷商遺民於驅魔儀式時所用的法器，長三尺，杼上終葵首。終葵首者，於杼上又廣其首，方如椎頭，四角方正，呈鎚狀的法器也！故「終葵」、「鍾馗」皆有辟邪驅妖之意。

八仙

「八仙」於中國歷朝中各有不同的人物組合，當中有宗教界，亦有文化界別。晉朝譙秀的《蜀記》中記有道教人物：容成子、李耳、董仲舒、張道陵、嚴君平、李八百、范長生、爾朱洞八位修士，他們於蜀中成仙，是為「蜀中八仙」。西蜀道人張素卿也曾根據李耳、容成子、董仲舒、張道陵、嚴君平、李八百、長壽仙、葛永瑰八人，畫下「八仙圖」。唐朝詩聖杜甫則以賀知章、李璡、李適之、崔宗之、蘇晉、李白、張旭、焦遂八位與作者同時代的好飲雅士為題，撰寫了《飲中八仙歌》。

由此可見，這「八仙」組合並無固定規範，其緣起亦無從稽考，但從傳世的典籍及藝術作品中，可追溯八仙文化盛行於唐、宋時期，到元朝全真教的興起而達至巔峰，大量文學作品、戲曲應運而生，在劇作家的猛力推廣下，八仙的人選也逐漸固定。元朝馬致遠的雜劇《呂洞賓三醉岳陽樓》中登場的八仙以漢鍾離為首，成員包括鐵拐李、呂洞賓、張果老、韓湘子、藍采和、曹國舅及徐神翁。至明朝戲曲《呂洞賓三度城南柳》、《呂洞賓花月神仙會》、《爭玉板八仙過海》等八位仙家亦與馬致遠撰寫的大致相同。但與馬同期的另一位劇作家岳伯川筆下的《呂洞賓度鐵拐李岳》，徐神翁卻換成張四郎，往後明朝的劇作如《降丹墀三聖慶長生》、《眾天仙慶賀長生會》、《邊洞玄慕道升仙》及《呂純陽點化度黃龍》也有把張四郎納入八仙之列。到元末范子安所撰的《陳季卿誤上竹葉舟》內的八仙組合終於出現了一位女性——何仙姑，該組合亦保留了徐神翁，反觀張四郎及曹國舅則被取而代之。至於明人吳元泰編撰的《八仙出處東遊記》內，敘述了鐵拐李、鍾離權、呂洞賓、張果老、藍采和、何仙姑、韓湘子、曹國舅的成仙過程，及後八仙各顯神通渡東海，與龍王發生衝突，彼此大動干戈，終由觀世音菩薩為眾仙調解。明朝中葉以後八仙的組別多以《東遊記》為藍本，人物亦從此固定下來，流傳至今。

為何在元、明兩朝之雜劇戲曲中何仙姑的出現比徐神翁、張四郎還要少，卻入八仙之列而廣被接納？從戲曲藝術或文學作品而言，既有「生」、「丑」，焉能無「旦」？一味剛陽，豈及剛柔並濟更具層次？從宗教上，舊日封建社會的婦女均難出閨門，故信仰女性的神明則相對容易產生親切感，方便弘法。另八仙皆是凡夫積德修道而超凡入聖，祂們象徵着男、女、老、幼、富、貴、貧、賤等八種社會不同階層，喻意群仙護佑各界，度世無有分別之心。

八仙於華人社會中有吉祥、喜慶等美意，在傳統的畫作、陶塑、刺繡、建築雕刻皆可發現仙蹤，除卻人物造型，眾仙的法器亦有寄意，因此亦經常用作工藝品上的裝飾。

葫蘆（鐵拐李）

蒲扇（鍾離權）

雙劍（呂純楊）

魚鼓（張果老）

玉板（曹國舅）

笛子（韓湘子）

荷花（何仙姑）

花藍（藍采和）

「葫蘆豈只存五福」

葫蘆（鐵拐李）：去病延壽，救濟群生。

「輕搖小扇樂陶然」

蒲扇（鍾離權）：閒適自在，起死回生。

「劍現靈光魑魅驚」

雙劍（呂純陽）：神兵降魔，辟邪鎮宅。

「魚鼓頻敲有梵音」

魚鼓（張果老）：輕奏道樂，預兆吉凶。

「玉板和聲萬籟清」

玉板（曹國舅）：聲聲清澈，靜化塵勞。

「紫簫吹度千波靜」

笛子（韓湘子）：樂韻寧神，滋生萬物。

「手執荷花不染塵」

荷花（何仙姑）：和合幸福，養性修心。

「花籃內蓄無凡品」

花藍（藍采和）：清幽怡神，廣通神明。

因此以上法寶亦稱之為「暗八仙」。

劉海蟾

「瀏海」，相信大部份人對此髮型並不陌生，也有不少女生特別鍾情這類髮型設計。那麼「瀏海」是否有出處？

「瀏海」一詞源於道教神明——劉海蟾，他與王玄甫、鍾離權、呂洞賓、王重陽並稱「五陽帝君」，為全真道，創派五祖之一。元世祖忽必烈封其為「海蟾明悟弘道真君」，至元武宗加封「海蟾明悟弘道純佑帝君」。

有關劉海蟾的生平則眾說紛紜，多見於野史、民間文學、戲曲及道教典籍。據元《歷世真仙體道通鑑》所載，劉海蟾生於五代時期，為燕山廣陵人，名操，字昭遠，得道後改名玄英，字宗成，號海蟾子。其出身門閥，以明經擢第，仕燕王劉守光為相，惟性好黃老之術，治民寬簡，不滿燕王專橫跋扈、施政無道，因而棄官修道，遁隱於華山，與道人陳摶、張無夢、种放為方外

友，後得鍾離權及呂洞賓點化，終得道成聖，著有《還金篇》及詩集論述丹道。

隨着歲月流逝，後世對劉公的名字起了訛傳，誤稱真人為「劉海」，「蟾」則成了仙家身旁的一頭瑞獸，也因而衍生了「劉海戲金蟾」之說。此故事純屬民間創作，金蟾被描寫成劉公至親，生前為官甚貪，惟尚知惜福修道，死後幸免墮落陰曹，卻投身為一隻三足蟾蜍，寄身東海，受龍王管轄。劉公羽化登仙後欲度化此親屬，因此騰雲於東海上，見浪濤洶湧，難覓蟾蹤，但知其貪性依舊，故以彩繩串連着金錢作餌，蟾蜍果然上釣，一躍而起並負於劉仙肩上。此三足蟾蜍亦具神通，每跳一步便吐出一枚金錢，伴隨着劉海蟾雲遊四海，往各地布施錢財。後人稱之為「劉海戲金蟾，一步一吐錢。」劉仙亦因此成了招財的福神了！

劉公雖於知天命之年入道，但民間多把真人繪畫成童子模樣，以凸顯仙家返老還童、長春不老之妙。此外，劉海蟾最廣為人熟悉的藝術形象，便是其髮絲梳至額前，長度齊眉，卻頂門光禿的髮型。古人塑造如斯形象，本為顯現修士的決志，想不到時至今天「瀏海」竟成了髮型的代名詞。

包青天

「願世間，有青天，願天天也見太陽面。熱紅我心，曬黑我臉，教我在人世找美善！」（黃霑先生詞）

自古官場兇險，為官難，為清官更是艱難！還看古今名臣，公正廉明、不畏強權者，宋朝包公堪稱清節美行之楷模。包拯，字希人，北宋賢臣，為官清廉、敢言直諫，執法嚴明，縱然皇室權貴違紀，一律勇於懲治，絕不姑息養奸。

包拯德高，遵從孝道，雖早年取得功名，惟高堂年邁，故一直侍奉在旁，待雙親百年歸老，方入朝為官。初任知縣，表現卓越，即獲晉升知州；其執事能力高強，且清廉自重，故很快便調派京師，任監察御史，專責彈劾行事不法之官僚。雖晉身朝官，包公仍保持果斷敢言之性，多番指正朝廷弊政，以「披肝瀝膽，冒犯威嚴，不知忌諱，不避怨仇」為座右銘，常自我鞭策。縱有觸怒權貴，甚至冒犯天威，也無改其剛正不阿，仁宗對此賢臣也始終信任。嘉祐年間，包拯以龍圖閣直學士任權知開封府，此職舉足輕重。汴京開封為北宋首都，乃全國政治、經濟、文化之核心，如此重鎮，管理上素來不易，惟包龍圖於一年任期已把首府治理得井然有序，糾正府內敗壞風氣，力壓官吏驕橫之勢，且斷案嚴明，肅清誣賴刁民。其政績有目共睹，屢受朝廷重用，並升任樞密副使，躋身國家最高決策機關，官至二品，廉潔依然。

清官難得，因此世人對公正廉明、為民請命的包公甚為讚頌，視為正義的化身，更逐漸奉為神明敬仰。道教尊包拯為文曲星轉世，身後掌管地獄第五層之森羅殿，懲處生前無惡不作之徒。

後人為強調包公不苟言笑、剛陽正直的個性，刻意把他的人物形象塑造成皮膚黝黑者，以凸顯其鐵面無私、嚴肅威儀，卻未必與史實中的包老膚色相符，純屬民間的虛構創意。有關其黑臉造型，始於元朝雜劇，至清朝戲曲，包公仍保留烏漆鐵面的妝容，且額上添了一彎月牙，以象徵浩月懸空，光照青天，更有日審陽間，夜判陰曹之意。

圖中保留了包公的鐵面和月牙的藝術形象，紫衣朝服乃宋代制定三品以上官員所配用的顏色。

太極張三丰

張三丰本名君寶，易名全一，號三丰，曾於武當開山建廟，弘揚道法，乃道教名家，生於南宋末年，其事蹟遍及元蒙、朱明。

童年時期的張真人曾患眼疾，卻巧逢張雲庵道人登門造訪，道長對君寶的雙親說：「此子仙風道骨，自非凡器，但目遭魔障，須拜貧道為師，了脫塵翳，慧珠再朗即送還。」就此，張三丰便隨雲庵道人學道，半年後眼疾果然痊癒，惟三丰先生未有即時回家，反而在道觀中跟隨老師繼續學道，兼讀儒、釋，於山中求道一去七年，為往後修行奠下基礎。先生道心堅定，縱然返回老家仍不忘勤習三教學說。

少年時期的張三丰才思敏捷，於科舉院試中取得功名，更因通曉古今、學貫三教而獲朝中要員提拔，惟先生一心向道，矢志求法，因此婉拒從政而返回

家鄉。待三十而立後，其父母相繼辭世，先生便告別妻兒，走訪名山大川，求真問道。尋尋覓覓三十載，至花甲之年終機緣成熟，而得遇火龍真人開示，頓然大道成真，超凡入聖。

張三丰提倡三教同源、明辨正邪，在其著作《天口篇．正教篇》可見一斑：「古今有兩教，無三教。奚有兩教？曰正曰邪。」於大道之下，儒、釋、道均各展所長，共融於太極陰陽法理之內。張真人亦強調修道以修身為大，然修身必先正心誠意；意誠心正，則物慾皆除，然後講立基之本。此外更把太極的陰陽奧義融會於拳法之中，是為入道的基礎，以養心定性，聚氣斂神為主，達至身心內外兼修。太極拳不單是宗教修行的法門、強健體魄的運動，當中更包含處世的道理，「任他巨力來打我，牽動四両撥千斤。引進落空合即出，粘連黏隨不丟頂。」其用意不用力，以巧制蠻，於動中求靜且剛柔並濟，物來順應而各取平衡，為我們待人處事帶來啟發。

世人頌武當、太極，卻常把張三丰誤寫為「豐」，只因不曾了解內裏乾坤！

道號三丰，不單是張真人於寶雞結茅修道時見有三峰靈氣沖天而取其名，按《張三丰全集》所載：「因憶乾爻之連，而有坤爻之斷，不足以還純乾也，乃從坤土之中植一根浩然之氣，補其斷而全其一焉。」《易經》中的乾卦為☰，天也。於☰從中破開則成☷，此乃坤卦，地也。三丰此名寓意太極陰陽，乾坤合理，植一浩然正氣，貫通天地。

張真人一生傳奇，對推動道教的發展有着莫大功勞，所創的太極拳更傳頌千古。如此的一位道教宗師卻不修邊幅，容貌疏野，還自號邋遢道人，可見仙家何等隨意自在。

風神、雷神

古人對科學的認知有限，故此對大自然的許多現象也感敬畏，因而衍生出各種膜拜天地的信仰。撇除對迷信的探討，卻不得不讚嘆前人的想像力，把變幻莫測的天文氣象，均塑造成不同人格化的神明。隨着歷史的沉澱，有關神明的描述更變得栩栩如生，世界各地亦各有其膾炙人口的神話故事，有奇情也有浪漫，更不乏世代傳頌的文學、藝術經典。

中國神話中有雷公、電母、風師、雨伯。當中，掌管行雷的神祇均公正嚴明，專責儆惡懲奸。中國的雷神有高低級別，最高統帥為雷部正神九天應元雷神普化天尊——聞仲。很多人誤會雷震子也是雷神，祂雖有風雷雙翅的神通，但姜尚宣讀封神榜冊封雷部二十四位天君正神時，雷震子榜上並未有名，卻與李靖、金吒、木吒、哪吒、楊戩、韋護等七人肉身成聖。後有詩詞讚頌：「別駕歸山避世囂，閒將丹灶自焚燒。修成羽翼超三界，煉就陰陽越九霄。兩耳怕聞金紫貴，一身離卻是非朝。逍遙不問人間事，任爾滄桑化海潮。」

西方神話中也有不少掌管風雷的神明，最為人熟悉的有古希臘眾神之首宙斯（Zeus）及北歐戰神托爾（Thor），兩者皆勇武善戰，賞罰人間善惡，形象俊朗倜儻，神威凜然。若論藝術成份，本人最愛的卻是十七世紀日本畫家俵屋宗達先生所創作的風雷二神，作品形態傳神，繪畫於屏風上佈局精妙，簡約而瑰麗。該國寶級珍品現存於京都國立博物館。

風神

雷神

福德正神——土地公

隨着科技的進步，人類的生活質素不斷提升，另一方面卻為自然生態帶來災難性的破壞。近二、三十年，大眾才猛然醒覺要加緊推行環保，只盼未盡亡羊可補牢。

今人重視科學，深信人定勝天，就是這股自信，無視「敬天畏地」，讓過度的開闢造成難以挽回的破壞。反觀古人對天地的膜拜，源於對大自然的感恩和敬畏，同時亦豐富了各國的人文學說和民族藝術。「土地公」正是基於古人對大地的敬意而衍生的信仰。「社者土地之王，土地廣博不可遍敬，故封土以為社而祀之，以報功也」，因此土地神也有社神、福德正福的尊稱。

大地孕育五穀、滋生食糧，養活眾生，因此一般視土地公為社稷的守護神。亦鑒於五行相生的概念，土能生金，因此土地公也有招財納福之力。土地神因

人民日常生活而衍生，故形象多以和藹可親的慈祥長者示現。社神雖然於道教中是屬品位較低的守護神，卻是與百姓最為親近的神祇，故各家各戶乃至叢林山川皆有供奉。

後記

二〇二〇庚子年，風雨飄搖，疫情肆虐全球，故只能深居簡出，閒來寫畫排解心中納悶，題材多數源於佛、道兩教之神話人物，盼所繪的能多添祥和、自在，讓人看得舒懷，縱然逆境尚能會心微笑。

此書得以面世，有賴多位文化界前輩的提攜，在此衷心感謝劉以鬯夫人和馬桂綿教授的鼓勵和支持；感恩鄭國江老師、阮大勇老師、樊善標教授及李志清先生給我撰寫序文，並拜謝鄭寶鴻先生、譚中舜先生慷慨借出珍貴歷史照片，黃若萌先生為我全書的畫作拍照和存檔，亦有幸得到吾師周恒先生為書名題字。

除了長輩的恩情，也感激幾位年輕朋友的仗義相助！

鳴謝：

前期校對——錢宛兒小姐

封面設計——楊曉君小姐

特別鳴謝：

吳文中先生、吳政怡小姐、王芷茵小姐

我所寫的不過是殘篇斷簡，卻有幸得好友文中、政怡、芷茵相助，這三位熱心的年輕人給我提供意見，修正、編輯、排版、校對等，更助我處理繁瑣的行政工作，為幕後的大功臣。

最後感謝天地圖書給予出版的機會。

謹向以上各位再次衷心叩謝

源天擇

合十

繪畫作品欣賞

佛教系列

善護念——慈悲作傘

大肚能容，容天下難容之事；開口便笑，笑世間可笑之人。

布袋山人
向石灣陶藝大師——劉傳先生致敬

護法龍神

玄奘

濟公——雪不沾身任逍遙

體自安寂證圓通，凡夫無明笑我瘋；舉心動念境長靜，遊戲三昧破虛空。

「滿身骯髒心卻清高，滿嘴嘻哈指引明路；
好酒貪杯未行醉步，笑中可把那眾生度。」
永文仁弟畫濟公圖並作句囑予為之書題己亥除夕周恒書
（吾師周恒先生題字）

閒適

自在

繪畫作品欣賞

道教及民間神話系列

鍾馗捉鬼 |

鍾馗捉鬼 II

向石灣陶藝大師——劉傳先生致敬

鍾馗探寶

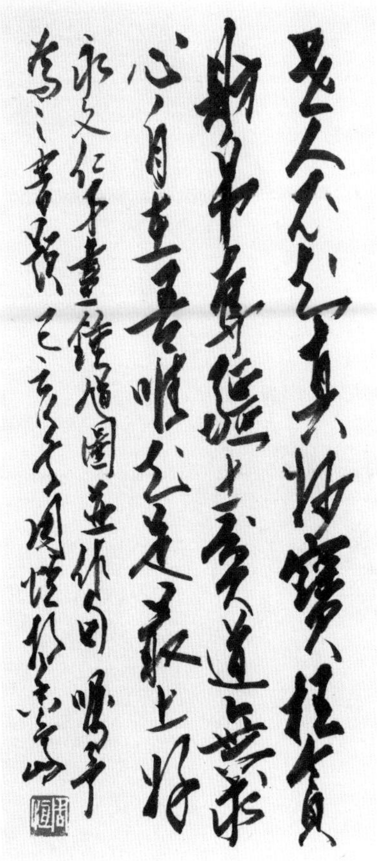

「世人不知真妙寶，枉貪財帛奪疆土；
貧道無求心自在，吾唯知足最上好。」
（吾師周恒先生題字）

南極壽星除災障，東海騰龍獻禎祥。

夜讀春秋

二郎神

東海丞相

孔子
儒釋道三教中儒家始創人，後世尊崇為萬世師表，更有孔聖之美譽。

特藏

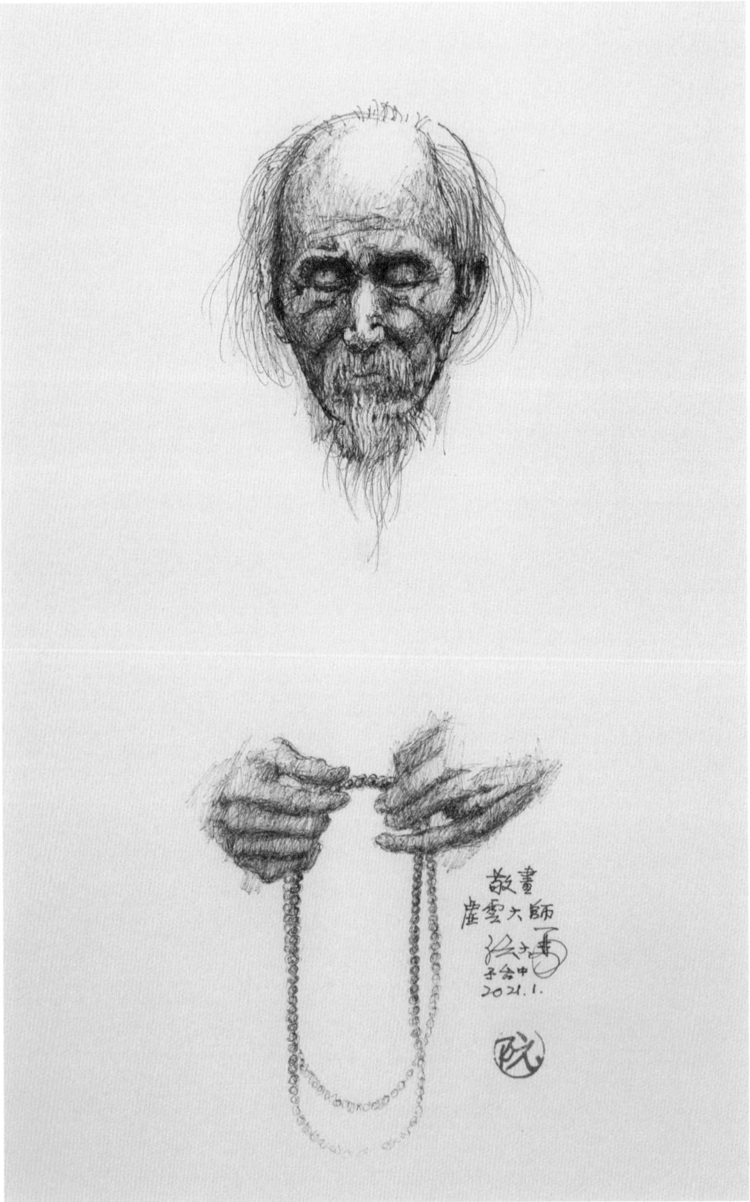

近代佛教禪宗泰斗——虛雲老和尚
阮大勇先生　庚子年作

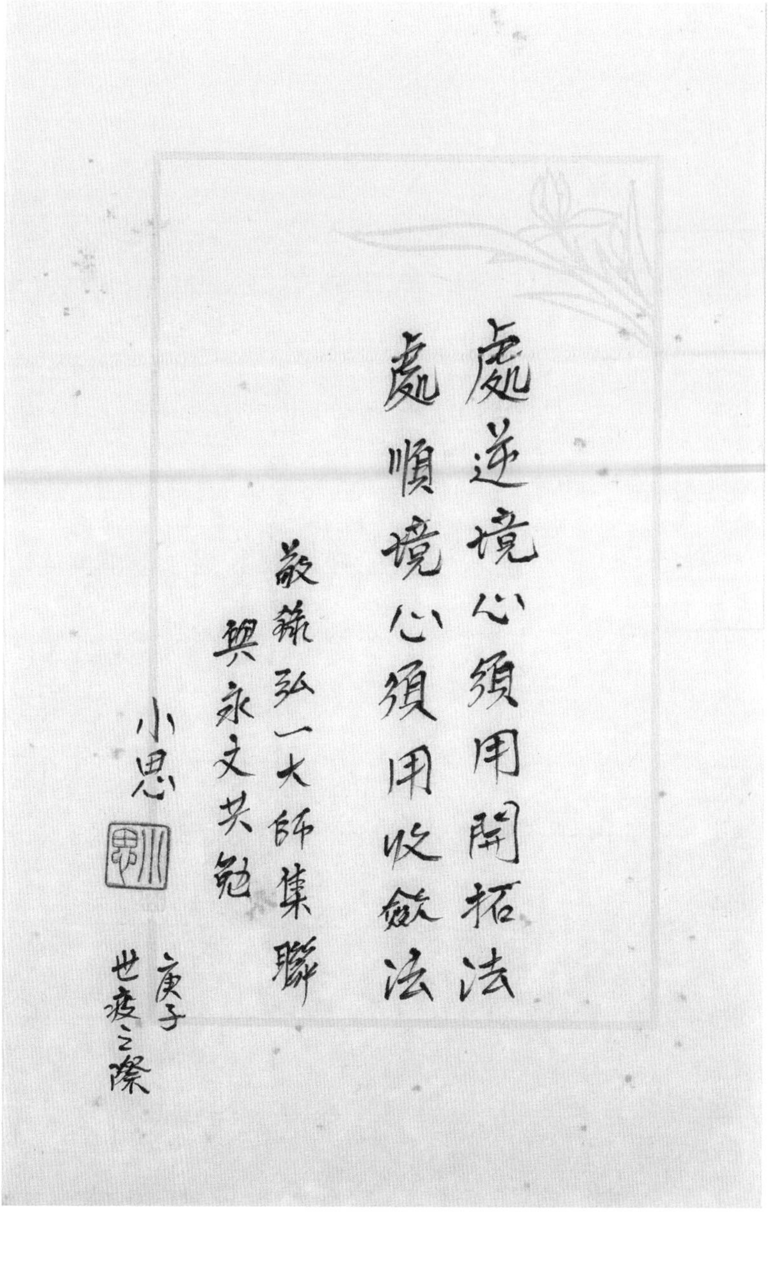

處逆境心須用開拓法
處順境心須用收斂法

敬錄弘一大師集聯
與永文共勉

小思

庚子世疫之際

家母經常説我對佛學的修持疏懶多了，但其實我由始至終也不曾離開過這「道」！

此書獻給我的雙親、姐姐、妻子，也特意贈與犬兒，願他一生正行。